Elogios para ¡Las Mamás No se Rinden!

¿Se acercan tus hijos o ya están en sus años de adolescencia o adultez joven? ¿Te preocupas porque tomen las mejores decisiones para sus vidas tanto ahora como en el futuro en este mundo constantemente cambiante? Seas una madre con una carrera o una mamá de carrera, *¡Las Mamás No se Rinden!* es una guía altamente práctica que te ayudará a ti y a tus hijos a sobrevivir y prosperar durante estos desafiantes años.

La Dra. Yanina tiene amplios conocimientos y provee buenos consejos para madres (y padres) conscientes que no solo quieren criar individuos saludables que contribuyan con nuestro mundo, sino también nutrir y sostener relaciones más fuertes con sus hijos manteniendo su propio bienestar en el proceso.

Regina Campbell, M.A., psicóloga
escolar retirada y madre de dos

Si has estado experimentando las penas que van con criar preadolescentes/adolescentes, ¡entonces este libro es para ti! La Dra. Yanina no solo tiene conocimiento de las dificultades de los preadolescentes y adolescentes, sino también tiene experiencia criando a los suyos. En su libro, discute cómo ser un mejor padre mientras simultáneamente desarrollas confianza y amor propio con tu preadolescente/adolescente. Da sugerencias prácticas para conectarte y comunicarte con tus hijos. Además, da a las madres estrategias de bienestar emocional, enfatizando que si eres un padre emocionalmente bien, estarás mejor equipada para lidiar y sintonizarte con las desafiantes etapas de desarrollo de tus hijos. Me encanta que el libro de la Dra. Yanina esté acompañado de un cuaderno de trabajo que provee guiatura a través de un diálogo y discusiones reflexivas. Su guía te ayudará a ser una mejor madre para tu preadolescente/adolescente a través de un enfoque compasivo y estructurado.

Amy M. Cramer, PhD, madre de dos jóvenes niños

El libro de la Dra. Yanina aborda el milenario problema de mantener relaciones saludables con nuestros hijos e hijas durante momentos críticos en su desarrollo físico y emocional. Su enfoque es sincero y cercano ya que hace referencia a problemas, obstáculos y preocupaciones de la vida real de la constantemente cambiante dinámica familiar durante un periodo en la vida de un niño cuando este/esta comienza a cuestionar todo.

La Dra. Yanina explica como la comprensión y la empatía ayudan a las madres a conectarse con las dificultades de sus propios hijos. Ofrece técnicas muy prácticas, reconocibles y utilizables como ejemplos en su libro. Lo más único es que el libro incluye dos capítulos sobre el bienestar propio, es no solo es una forma de mantener el bienestar emocional propio, sino también para ser ejemplo de bienestar saludable en nuestros hijos. En una edad de mensajes contradictorios e influencias de redes sociales y medios sin parar, la Dra. Yanina ofrece a las madres la oportunidad de enriquecer las vidas de generaciones futuras en esta guía para la salud y el bienestar.

Ruth Crnkovich, M.A., madre de gemelos

En su libro, *¡Las Mamás No se Rinden!*, la Dra. Yanina aborda preocupaciones fundamentales del desarrollo y la salud mental que potencialmente afectan la relación entre madres e hijos o hijas preadolescentes y adolescentes. Una experta en su campo, la Dra. Yanina tiene un conocimiento profundo e invaluables recursos para guiar a las madres para identificar y resolver muchas de las dificultades que encontrarán al asistir la transición de sus hijos de la niñez a la adolescencia.

La Dra. Yanina exhorta a las madres a mantenerse conectadas con sus hijos preadolescentes y adolescentes, enfatizando la importancia de fortificar y reparar los lazos rotos. Sugiere que las madres ayuden a sus hijos adolescentes a regular su naciente sentido de independencia, auto-imagen y relaciones con otros adolescentes a través de una disciplina empática y apropiada a la edad. Estas son notorias recomendaciones ya que las relaciones con jovenes de la misma edad y la separación e individuación psicológica de los padres son hitos fundamentales del desarrollo para los adolescentes.

Importantemente, la Dra. Yanina anima a las madres a cuidar de ellas mismas atendiendo sus propias luchas emocionales y reflejando cómo estos factores podrían interferir con una crianza óptima. Aplaudo a la Dra. Yanina por lanzar un libro tan importante y por su dedicación a ayudar a madres a recorrer los desafíos de la maternidad.

Lilia Smith, PhD Psicóloga Clínica en ejercicio privado en Coral Gables, Florida, previamente supervisora clínica en el Children Psychiatric Center en Miami Florida.

¡LAS MAMÁS NO SE RINDEN!

Cómo Influenciar, Empoderar, y Mantenerte Conectada con tu Preadolescente o Adolescente en un Mundo Ruidoso

A. Yanina Gómez, PhD

Copyright © 2018 Adlin Yanina Gómez, PhD
Todos los Derechos Reservados

Publicado por Author Academy Elite
P.O. Box 43, Powell, OH 43035

www.AuthorAcademicElite.com

Todos los derechos reservados. Ninguna parte de esta publicación puede ser reproducida ni transmitida, mediante ningún sistema o método—por ejemplo, electrónico, fotocopia, grabación— sin consentimiento por escrito del autor. La única excepción son citas breves en reseñas impresas.

Tapa Blanda ISBN: 978-1-64085-427-7

Tapa Dura ISBN: 978-1-64085-428-4

E-book ISBN: 978-1-64085-429-1

Número de Control de la Biblioteca del Congreso: 2018955812

Este libro está dedicado a mi maravilloso esposo Sergio por siempre sacar lo mejor de mí y por su apoyo ilimitado, a mi hijo Alec por volver a casa de la escuela un día y frenéticamente decirme que tenía que escribir un libro para mamás de preadolescentes y adolescentes, a mi hija Nyah por motivarme y animarme cada vez que completaba un capítulo, a mis padres por inculcarme la excelencia, y a mis hermanas y hermanos por creer en mí.

También estoy agradecida por mi asombroso círculo íntimo de amistades, por su motivación y apoyo, y a mi Creador por iluminarme con las palabras que comparto contigo en este libro.

CONTENIDO

Prólogo por Kary Oberbrunner . . . .*xi*

Introducción *1*

Parte Uno. Desarrollando una Conexión más Fuerte y Saludable con mi Preadolescente/Adolescente

1. Conectarme Auténticamente con mi Preadolescente/Adolescente. 4

2. Fomentar Comunicación Abierta y Escucha Intencional. 35

Parte Dos. Enseñar, Empoderar y Preparar a mi Preadolescente/ Adolescente para el Éxito

3. Disciplina Saludable: Más Allá de Quitar y Castigar. 53

4. Ayudar a tu Preadolescente/Adolescente a Superar Montañas Rusas Emocionales. 69

5. Ayudar a tu Preadolescente/Adolescente a
   Filtrar Influencias y Presiones Externas 84

6. Enseñar y Poner en Práctica Valores,
   Responsabilidades e Independencia. 107

Parte Tres. Priorizar mi Propio Bienestar Emocional

7. Adoptar 'Tiempo para Mí' en mi Vida 121

8. Desintoxicar mi Vida y Vivir Plenamente 136

Pensamientos Finales *152*

Referencias. *155*

Recursos. *159*

Acerca de la Autora. *163*

PRÓLOGO

En esta era electrónica, los preadolescentes y adolescentes son constantemente bombardeados por mensajes contradictorios de los medios, el Internet, la cultura pop, la industria de la moda y la presión de grupo. Con publicidades que muestran cuerpos perfectos, relaciones perfectas y expectativas irreales donde sea que miren, a los preadolescentes y adolescentes les falta dirección, volviéndose particularmente vulnerables a experimentar problemas de auto-confianza, identidad, relaciones y salud mental.

La mayoría de mamás están de acuerdo en que quieren criar miembros sanos, confiados, felices e independientes de la sociedad. También te dirán que, al entrar a los años adolescentes, la maternidad y la vida en familia se vuelven más complicadas. Algunos jóvenes repentinamente comienzan a distanciarse de sus padres. Más que nunca, mantenerse conectados y fortalecer la relación entre madre e hijo es esencial para influenciar, guiar y tener un mayor impacto en las vidas de nuestros jóvenes.

Como mamá de una hija preadolescente y un hijo adolescente, la Dra. Yanina comparte historias personales, lo que funciona y lo que no funciona con sus hijos. Como psicóloga, comparte su experiencia con varios estilos de crianza, dificultades familiares y dar una crianza de apoyo, e intervenciones académicas y conductuales. También comparte ejemplos de la vida real, consejos prácticos, y pasos que puedes dar inmediatamente para fortalecer tu relación con tu hija o hijo y desarrollar una conexión más saludable mientras les enseñas, empoderas y preparas para tener éxito. Finalmente, comparte estrategias para ayudarte a superar dificultades internas y distracciones que podrían evitar que seas la mamá que se supone que seas.

Como defensora del bienestar emocional, la Dra. Yanina enseña a las madres el valor de invertir en su bienestar para que puedan adoptar un estilo de vida saludable consciente y dar el ejemplo a sus hijos. Cree que cuando las mamás superan sus dificultades e inseguridades internas se convierten en las madres que se supone que sean. Consecuentemente, tomarán mejores decisiones para sus familias y enfrentarán obstáculos de una forma más optimista.

Mientras leas este libro, aprenderás tips prácticos que te ayudarán a mantenerte conectada y a comunicarte más eficientemente con tu joven de una manera que haga un impacto en sus vidas. También aprenderás maneras efectivas de disciplinar y preparar a tu hija o hijo de una forma más saludable, entenderlos y apoyarlos mejor durante esta etapa crítica del desarrollo, y aprender pasos prácticos de acción que ayuden a tu preadolescente o adolescente a superar presiones, volverse más confiados e independientes. Dedica los últimos dos capítulos del libro a ayudar a mamás a adoptar hábitos más saludables que lleven a una vida más consciente, intencional, y llena de propósito. La conclusión es esta—si queremos que nuestros hijos sean adultos confiados, independientes, honestos y felices, debemos ser intencionales acerca de mantenernos involucrados en sus vidas y guiarlos a través de esta desafiante temporada. Este libro te enseñará cómo.

Kary Oberbrunner, autor de
Elixir Project y *Your Secret Name*
Igniting Souls
www.karyoberbrunner.com

Introducción
El eslabón perdido

En el ruidoso mundo de hoy, la mayoría de preadolescentes y adolescentes son constantemente bombardeados por mensajes abrumadoramente conflictivos de los medios, el Internet, la cultura pop, la industria de la moda y la presión de grupo. Con publicidades que muestran cuerpos perfectos, relaciones perfectas y expectativas irreales donde sea que miren, a los preadolescentes y adolescentes les falta dirección, volviéndose particularmente vulnerables a experimentar problemas de auto-confianza, identidad, relaciones y salud mental. Desafortunadamente, nuestros hijos no son inmunes a estas presiones, ni hablar de estar listos para enfrentarlas sin ser influenciados de una forma u otra.

La verdad es, tienes lo necesario para influenciar, empoderar y mantenerte conectada con tu preadolescente o adolescente a pesar de los fuertes ruidos de este mundo. Si nuestros hijos van a volverse adultos confiados, independientes, honestos y felices, como mamás, debemos ser intencionales en mantenernos conectadas e involucradas en sus vidas para que podamos guiarles a través de esta desafiante temporada. Si te preguntas cómo puedes hacer esto, estás leyendo el libro correcto.

Antes de comenzar y para aprovechar al máximo este libro, te recomiendo que hagas cuatro cosas:

1. Descarga e imprime el *Cuaderno de Trabajo Reflexivo ¡Las Mamás No se Rinden!* Que acompaña a este libro. En este cuaderno de trabajo encontrarás ejercicios que te ayudarán a personalizar los tips y estrategias que se enseñan en este libro capítulo a capítulo. También te guiará a través de crear pasos de acción para desarrollar una relación más fuerte con tu hijo. En enlace para descargar este cuaderno de trabajo es www.DrYaninaGomez.com/cuaderno.

2. Comprométete a invertir en tu crecimiento personal, sé honesta contigo misma, y está dispuesta a valuar cómo es tu crianza con una mente abierta.

3. Programa "tiempo para mí" para leer este libro y completar los ejercicios de auto-reflexión encontrados en el Cuaderno de Trabajo Reflexivo.

4. Da los pasos necesarios para influenciar, empoderar y mantenerte conectada con tu preadolescente o adolescente para que puedas volverte la mamá que se supone que seas.

De una mamá a otra, sé que la maternidad no es fácil. Se siente como si estuviéramos constantemente en una montaña rusa de emociones. En un abrir y cerrar de ojos, pasamos de experimentar alegría y orgullo indescriptibles, a rápidamente cambiar a decepción, rabia y frustración (suspiro). ¿No sería bueno que nuestros hijos incluyeran un manual de usuario al nacimiento? A pesar de este descuido de la fábrica de bebés ¡tú y yo podemos criar niños asombrosos!

Estoy muy emocionada de que des los pasos para volverte la mejor mamá posible. Y, te agradezco que me escojas para acompañarte durante este maravilloso viaje. Al leer este libro, mi meta es que disfrutes, aprendas, rías, llores, reflexiones sobre qué funciona y qué no, ganes más confianza, o tal vez afirmes tu estilo de maternidad. Lo que es más importante, te animo a dar los pasos necesarios para fortalecer tu relación con tu hija o hijo. Al final del día, mi querida lectora, todo se resume a esto— ¡las mamás no se rinden!

1
CONECTARME AUTÉNTICAMENTE CON MI PREADOLESCENTE/ ADOLESCENTE

"La maternidad es una decisión que tomas cada día, de poner el bienestar y felicidad de alguien más por encima del tuyo, de enseñar las lecciones duras, de hacer lo correcto hasta cuando no estás segura de qué es lo correcto… y de perdonarte a ti misma, una y otra vez, por hacer todo mal."

—DONNA BALL

Desde el momento en que nuestros hijos nacieron, se volvieron la prioridad de nuestras vidas. Después de todo, eran unas personitas que dependían de mamá y papá para todo. Desde la alimentación, aseo, cambiar pañales sucios, limpiar vómito, mocos, a sus citas sin fin, mi esposo y yo tuvimos que hacer todo por ellos. No solo nos encargábamos de sus necesidades básicas, también los bombardeábamos con mucho amor incluyendo, pero sin limitarnos a abrazos, besos y grandes apretones de amor. Estaba totalmente en sintonía con todo y cualquier cosa sobre mis hijos.

Cuando mis hijos fueron a la escuela primaria, permanecí totalmente involucrada en sus vidas. Asistí a cada Noche de Orientación para Padres y fui voluntaria para fiestas y paseos de la clase tanto como pude. Quería conocer a la persona que iba a volverse la próxima influencia en sus vidas. Me mantuve en contacto con sus maestros durante el año escolar, a menudo entraba en Internet a revisar sus calificaciones y asignaciones, y además me aseguraba de que hicieran la tarea antes de dormir. Por supuesto, el bombardeo masivo de besos y abrazos aún se daba. Quería ser el mayor apoyo e influencia de mis hijos.

Luego mi hijo comenzó la escuela media. Aún asistía a las Noches de Orientación para Padres y aún lo hago. Pero francamente, de repente comencé a dejar ir sin siquiera notarlo. No me comunicaba tanto con sus maestros, raramente entraba en Internet a revisar sus calificaciones, y ya no les recordaba la tarea.

También reduje los besos y abrazos. Quería enseñarle responsabilidad e independencia, sin embargo, en el proceso también me estaba desconectando de él. Ahí fue cuando entendí que, sin importar la edad de mi preadolescente, si no tengo la intención de permanecer conectada con ellos, nuestra relación puede potencialmente marchitarse. Quiero enseñarles a ser responsables e independientes, pero si no tengo cuidado, podría poner en riesgo nuestra relación.

Nacemos para ser personas sociales, y el afecto físico es un componente muy importante en nuestro desarrollo. Investigaciones han mostrado que los adultos que recibieron afecto y cuidado de sus padres, experimentan menos depresión y ansiedad, son más sensibles a las perspectivas de otras personas, y son más compasivos con otros[1].

Pensemos en esto por un segundo. ¿Cómo te sentirías si supieras que tienes a alguien que te ama y apoya incluso cuando muestras tus verdaderos colores? ¿Sientes una sensación de pertenencia, seguridad, confianza y paz mental?

Es igual para tu preadolescente o adolescente. Cuando tu hija o hijo sabe que realmente quieres establecer una conexión auténtica con ellos, puede que no siempre te lo digan (¡o puede que sí!), pero les estás dando una oportunidad de experimentar estos sentimientos. Independientemente de cómo sea tu relación con tu hija o hijo en este momento, sea buena o complicada, nunca es demasiado tarde para fortalecerla o remendarla.

> INDEPENDIENTEMENTE DE CÓMO SEA TU RELACIÓN CON TU HIJA O HIJO EN ESTE MOMENTO, SEA BUENA O COMPLICADA, NUNCA ES DEMASIADO TARDE PARA FORTALECERLA O REMENDARLA.

Estoy segura de que quieres que tu preadolescente o adolescente experimente una adolescencia más saludable y estar conectada con tu hija o hijo es la clave. Tener una conexión auténtica con tu joven es muy importante. Aquellos que nunca experimentan esta conexión con su madre están en mayor riesgo de experimentar condiciones físicas que supongan un riesgo de salud significativo como colesterol alto, enfermedad cardiovascular, y síndrome metabólico. Como verás, estar conectado con tu preadolescente o adolescente es esencial para un desarrollo más saludable.

Ahora que entiendes y estás de acuerdo con el valor y la importancia de conectarte con tu preadolescente o adolescente, hagamos algo sobre eso. Tal vez hayas estado tratando de acercarte a tu hija o hijo y las cosas no van bien. Sientes que tu preadolescente o adolescente mantiene su distancia e incluso te evita. Probablemente te frustran los intentos fracasados de conectarte y estás casi lista para tirar la toalla.

¡Por favor no te rindas! Si dejas de tratar, tu preadolescente o adolescente puede interpretarlo erróneamente como indiferencia.

Puedo sentir tu frustración. Probablemente te estás autosaboteando, diciendo que estás fracasando como mamá. Tal vez bloqueos mentales como, "no soy una buena mamá, mis hijos merecen una mamá mejor que yo, lo sigo echando a perder", invaden tu mente y dañan tu confianza.

Hay una razón por la que estás leyendo este libro. No estás fracasando como mamá. Quieres influenciar, empoderar y mantenerte conectada con tu preadolescente o adolescente auténticamente. ¡Y lo harás! Ya has dado el primer paso para convertirte en la mamá que anhelas ser.

Conectarme con mi Preadolescente o Adolescente

Sé que significa mucho para ti tener una relación saludable con tu preadolescente o adolescente. Estás dispuesta a hacer lo que sea necesario para conectarte con ellos en una forma significativa. En tus intentos de resolver este rompecabezas, puedes comenzar a sentirte abrumada.

¿Por qué no empezamos tomándonos un momento para reflexionar sobre qué tan bien o qué tan poco sabes quién es tu preadolescente o adolescente? Después de todo, se están desarrollando y cambian rápidamente durante sus años adolescentes.

¿Cuál es su comida favorita, grupos de música, películas, juegos y hobbies? ¿Cuáles son sus miedos, preocupaciones, arrepentimientos? ¿Hay algo que les cause ansiedad o ira al momento? ¿En qué creen, cuáles son sus valores, ideas, visión del mundo? ¿Cuál es su posición en asuntos sociales, políticos o espirituales? ¿Cuál es su creencia sobre Dios y el más allá? ¿Por qué se esfuerza, cuáles son sus sueños y aspiraciones? ¿Qué le gusta hacer para relajarse o experimentar calma?

Mientras más muestres interés sobre las preferencias y problemas de tu preadolescente o adolescente, más sentirán que los entiendes. Puedes recibir algo de escepticismo o rechazo inicialmente, pero te animo a que persistas.

Recuerda, ¡las mamás no se rinden!

Una forma de evitar desconexión o remendar la relación es ser intencional sobre no solo decir sino, más importante, mostrar que realmente nos importa. La buena noticia es que las madres que se toman el tiempo de conectarse con sus jóvenes ven un incremento del entendimiento y afecto mutuo, menos conflicto, y más interacciones auténticas.

En este capítulo, comparto contigo cuatro estrategias de crianza que he adoptado para mantenerme conectada con mi preadolescente o adolescente de una forma más auténtica. Para cada estrategia, también comparto tips, ideas y ejemplos para que puedas probarlos y decidir si quieres hacerlos tuyos. Estas sugerencias son igualmente útiles para mamás y papás. Sé que quieres ser la única ganadora del premio al "Mejor Padre", pero está bien compartir un poco de la gloria con papá.

Estrategia 1. Nunca dejes de mostrar afecto.

Todos vivimos vidas ocupadas y estresantes y el tiempo se ha vuelto un bien valioso. Entre llevar a nuestros preadolescentes o adolescentes a prácticas deportivas o actividades después de la escuela, no hay tiempo para la conexión física. Enfrentémoslo, casi siempre estás en tu carro por horas manejando de un lado de la ciudad a otro dejando y recogiendo a tus hijos, casi diariamente.

Al final del día, todos llegan a casa, comen la cena, y desaparecen a sus cuartos. Mientras vivimos vidas sin parar, ponemos algo esencial en riesgo: dar a nuestros hijos grandes apretones de amor. Investigaciones han mostrado un vínculo entre recibir afecto de los padres en la niñez, salud, y resultados positivos en la vida[2].

Por otro lado, cuando el niño carece de afecto de sus padres, es probable que experimente problemas mentales y físicos que lleven a problemas emocionales y de salud en su vida. La conclusión es esta; es más probable que los niños que reciben afecto de sus padres experimenten auto-confianza, empatía, menos problemas psicológicos y conductuales, mejora en el rendimiento académico, y simplemente sean más felices³.

Como compartí antes, cuando mis hijos eran pequeños no podía parar de besarlos y abrazarlos. Cuando crecieron, comencé a mostrar menos afecto, especialmente a mi hijo.

> POR OTRO LADO, CUANDO EL NIÑO CARECE DE AFECTO DE SUS PADRES, ES PROBABLE QUE EXPERIMENTE PROBLEMAS MENTALES Y FÍSICOS QUE LLEVEN A PROBLEMAS EMOCIONALES Y DE SALUD EN SU VIDA.

Verás, estaba bajo la impresión de que los preadolescentes y adolescentes sienten asco cuando los padres les muestran afecto. ¡Y que Dios me perdone si les muestro afecto en público! Al menos eso es lo que pensaba.

Interesantemente, mi hija preadolescente ama mostrar y recibir afecto. Sea en privado o en público, esta niña ama los abrazos. Si pudiera, nos contrataría para rascarle la espalda, hombros o los brazos durante la mañana, tarde y noche. Es una niña muy cariñosa. Nuestro hijo no es del tipo cariñoso.

Cuando ejercía como psicóloga, a menudo las madres de preadolescentes y adolescentes me preguntaban: ¿A dónde fue mi dulce, lindo y amable hijo? Una mamá una vez me preguntó (¡prepárate para esto!) "¿Crees que alienígenas usen los cuerpos de adolescentes como huéspedes?"

Aunque esta es una pregunta graciosa, la mayoría de mamás de preadolescentes y adolescentes están de acuerdo en que su dulce, lindo y amable hijo muta en una criatura emocionalmente indiferente una vez que llega a la adolescencia. Se sienten desconectados de su hija o hijo una vez que este o esta alcanzan esta etapa del desarrollo. Aunque estos sentimientos son comunes, no asumas que tu hija o hijo ya no quiere tu afecto. ¡Yo cometí ese error!

Cuando mi hijo era más joven, me daba abrazos y besos antes de irse a la escuela, cuando lo recogía después del programa después de la escuela, y antes de ir a la cama. Cuando alcanzó la edad de doce años, como muchos preadolescentes, comenzó a reducir su afecto hacia mí, especialmente en público.

Sin siquiera notarlo, también estaba mostrándole menos afecto hasta que me di cuenta y entendí qué tan equivocada estaba. Solo porque quiera pretender ser *cool* no significa que no aprecie el afecto de su madre.

Creo que, mientras estés viva, nunca es demasiado tarde para hacer ajustes y cambios. Así que los hice. Cambié de dirección y saqué algunos viejos trucos de debajo de la manga que no mancharían su reputación o invadirían su espacio personal. Respetaba que ya no era un pequeño niño y que tenía que tomar con calma el "ataque de abrazos y besos" cuando estuviéramos en público.

Ante la Duda, Pregunta.

Se nos ha dicho que ante la duda, simplemente pregunta, ¿cierto? Es exactamente lo que hice. Le pregunté a mi hijo si prefería que me abstuviera de mostrarle afecto en público. Su respuesta realmente me impresionó. Dijo, "Mami, no me importa que me muestres afecto en público pero prefiero que lo tomes con calma". Traducción—no te pases. Los besos pueden esperar hasta que lleguemos a casa y los abrazos están bien si la situación lo amerita. Siempre que sea posible, espera hasta llegar a casa.

> PARA EVITAR MALENTENDIDOS Y DECEPCIONES ENTRE TÚ Y TUS JÓVENES ACERCA DE CÓMO MOSTRAR AFECTO, TE RECOMIENDO QUE TENGAS UNA CONVERSACIÓN CON ELLOS.

Para evitar malentendidos y decepciones entre tú y tus jóvenes acerca de cómo mostrar afecto, te recomiendo que tengas una conversación con ellos. Encuentra un tiempo en el que tú y tu hija o hijo estén de buen humor y dispuestos a conversar. No comiences esta conversación después de llegar a casa del trabajo o en medio de un día ocupado. En cambio, inténtalo antes de ir a la cama, en camino a las actividades después de la escuela, o incluso relájense juntos por un rato en un café local.

Comienza diciendo, "Chris, sé que estás creciendo y sabes que me encanta mostrarte cuánto te amo. Ahora que eres mayor, quiero saber qué te incomoda y qué no".

Pregúntale a tu preadolescente o adolescente:

1. ¿Está bien que te muestre afecto en privado y en público?

2. ¿Con qué tipo de afecto estás cómodo en privado y en público?

3. ¿Con qué tipo de afecto no estás cómodo en privado y en público?

Comienza la conversación, está dispuesta a escuchar lo que tengan que decir sobre este asunto, y evita ponerte a la defensiva. Respeta su nivel de comodidad individual, no los fastidies, y no te lo tomes personal.

Lo que es más importante, nunca avergüences o te burles de preadolescente o adolescente en público. Cada vez que avergüenzas a tu hija o hijo rompes su confianza en ti. Ten en mente que tu hija o hijo está experimentando cambios drásticos, muchos de ellos son incómodos y difíciles de procesar.

No los juzgues. En cambio, se paciente, compasiva, y muestra compresión. Ten en mente que las preferencias pueden cambiar con el pasar de diferentes etapas.

He aprendido cómo mostrar afecto a mi hijo, sea en privado o en público. Me tomé el tiempo de preguntarle y escogí respetar su pedido. En cuanto a mi hija, quiere que le mostremos afecto sin importar dónde o con quién estemos. ¡Estamos bien con eso!

Para Concluir...

Tal vez tu preadolescente o adolescente sea como mi hija. Constantemente das y recibes afecto de tu hija o hijo y eso te encanta. ¡Es genial! Tal vez tu hija o hijo sea como mi hijo, bajo perfil, el "muéstrame amor, pero tómalo con calma". Eso también está bien. Tal vez tu hija o hijo no quiera que le muestres afecto físico en absoluto. Muestra tu afecto de otras formas. Mándale un lindo mensaje de texto como, "Que tengas un maravilloso día", o "Buena suerte en tu examen o juego. Estoy orgullosa de ti por todo el tiempo que pasaste preparándote". Mándale una cita inspiradora o un enlace a un video gracioso. Sorpréndele con su golosina preferida.

Tal vez seas como yo—te has vuelto un poco distante y desconectada asumiendo que eso es lo que tus preadolescentes o adolescentes quieren que hagas. Si esta eres tú, por favor no asumas cosas. Pregúntale a tu hija o hijo.

Estrategia 2. Brinda apoyo verdadero.
Mi hijo ha jugado al fútbol desde que tenía cinco años. Es muy apasionado con este deporte. Juega fútbol de campo durante el otoño y la primavera y fútbol sala durante el invierno. Durante la temporada de fútbol, normalmente tiene dos prácticas en la semana y un juego el fin de semana. Ahora que es adolescente, ya no tengo que quedarme durante la práctica. Lo dejo y lo recojo cuando termina la práctica. Sin embargo, asisto a tantos juegos como puedo.

Una cosa que he estado notando desde el primer juego de mi hijo a la edad de cinco años es como los jugadores, sin importar qué tan bien o mal jueguen, son animados por el público. A los padres y familiares les emociona apoyar y animar a sus equipos terminen o no siendo el equipo ganador.

He presenciado algunas veces como un jugador patea la pelota hacia la portería de su propio equipo y los padres animan al jugador gritando, "¡Buen trabajo, hijo!" o, "¡Está bien, Alannah!"

Otras veces, he visto niños no siendo jugadores de equipo, parados en el campo, distrayendo a otros jugadores o recibiendo tarjetas amarillas o rojas—y aun así sus padres les dicen después del juego que hicieron un gran trabajo. (Las tarjetas amarillas y rojas se usan para penalizar la mala conducta durante el juego).

No conozco las dinámicas familiares que tienen lugar en esos ejemplos, ni pretendo juzgar la forma en la que estos padres escogen para animar y mostrar apoyo a sus hijos. Pero no puedo evitar pensar que los jóvenes en esos ejemplos probablemente están conscientes de su mala actuación, porque son honestos con ellos mismos o porque fueron regañados por otros compañeros de equipo después del juego.

Estos jóvenes no estaban actuando bien, y sin embargo los adultos los animaban, dando un falso sentido de apoyo y aliento. ¿Qué les estamos enseñando a esos jóvenes cuando les decimos que está bien esforzarse poco o no esforzarse?

Aliento Verdadero vs. Animar

Como mamás, está grabado en nuestro ADN alentar a nuestros hijos. Queremos que sean felices y exitosos en todo lo que hagan. Aunque las cosas vayan bien o no estén yendo de acuerdo al plan, queremos estar ahí para animarlos. ¿Existe tal cosa como el aliento dañino? ¿Envía nuestro aliento el mensaje erróneo a nuestro hijo? ¿Afectará esto mi relación con mi preadolescente o adolescente? Después de todo, el aliento es la acción de dar apoyo, confianza o esperanza.

Cuando pienso en relaciones auténticas, dos cosas vienen a mi mente—verdad y confianza. No hay confianza si no hay verdad. Las relaciones se fortalecen cuando ambas partes son honestas entre ellas y confían el uno en el otro. Cuando

> Cuando pienso en relaciones auténticas, dos cosas vienen a mi mente—verdad y confianza. No hay confianza si no hay verdad.

una persona es honesta con otra, puede compartir verdades que llevan al crecimiento y a una relación más fuerte.

Si tu mejor amiga está haciendo algo que evita que tenga éxito, y sabes exactamente lo que es, ¿no se lo dirías para que pueda hacer los cambios necesarios para mejorar? Si estás consciente de sus errores, pero escoges animarla en vez de señalar lo que necesita abordar, ¿no estarías frenándola?

Lo mismo aplica para tu preadolescente o adolescente. Cada vez que animas a tu hija o hijo cuando no da lo mejor de sí, ¿estás dándole aliento? ¿Hay una posibilidad de que el mensaje que estés enviando sea que está bien ser mediocre? Esta es una conversación entre una madre y su hijo adolescente que muestra este punto.

> Mamá - Cariño, ¿cómo te fue en el examen?
> Adolescente - Fue terrible ¡de seguro lo reprobé!
> Mamá - ¿Te preparaste para tu examen?
> Adolescente - Lo hice durante el primer bloque.
> Mamá - ¿Crees que estudiar 20 minutos antes del examen es suficiente tiempo para aprender todo el material?
> Adolescente - Hice lo mejor que pude, mamá.
> Mamá - Me alegra que hayas hecho lo mejor que pudiste, cariño.

No sugiero que no deberías dar aliento cuando tu hijo comete un error. Francamente, ese es el momento cuando más lo necesitan. Lo que sugiero es que en vez de animarlo cuando fracasan intencionalmente, como en el ejemplo anterior, dales aliento verdadero, señala el problema de una forma no prejuiciosa y permite que sucedan consecuencias naturales.

Adhiriéndonos al ejemplo anterior, mamá sabe que procrastinar y estudiar veinte minutos antes del examen no son habilidades útiles de estudio. Si sigue haciendo esto, probablemente repruebe la escuela. Los resultados del examen de su hijo lo confirman. Aunque su hijo dijo que hizo lo mejor que pudo, tú y yo sabemos que no es así. Simplemente procrastinó y desestimó el examen. Sin embargo, mamá intentó animarlo diciendo "Sé que hiciste lo mejor que pudiste". ¿De verdad lo hizo?

Tal vez la conversación debió haber sido algo como esto:

Mamá - Cariño, ¿cómo te fue en el examen?
Adolescente - Fue terrible ¡de seguro lo reprobé!
Mamá - ¿Te preparaste para tu examen?
Adolescente - Lo hice durante el primer bloque.
Mamá - ¿Crees que estudiar 20 minutos antes del examen es suficiente tiempo para aprender todo el material?
Adolescente - Hice lo mejor que pude...
Mamá – Basándome en tu calificación, estudiar 20 minutos antes del examen no fue suficiente tiempo para aprender el material. Ahora sabes que estudiar justo antes del examen no es la mejor estrategia de estudio. Para tu próximo examen, sugiero que hagas un plan de estudio. ¿Qué crees que funcione para ti?
Adolescente – No lo sé.
Mamá - ¿Puedo darte una sugerencia?
Adolescente - Seguro.

Después de ver a mi hijo jugar fútbol por tantos años, puedo saber cuándo está dando lo mejor de sí en el campo y cuando está cansado o no se está esforzando. Como su mamá, quiero que disfrute y tenga éxito en este deporte. Pero también quiero que dé lo mejor de sí para el equipo. Por lo tanto, cuando sé que no está dando el máximo, me aseguro de señalárselo de una manera no prejuiciosa. "Hijo, disfruté el juego de hoy. Aunque, noté que no estabas muy metido. Erraste algunas oportunidades y no estabas sincronizado con los otros jugadores. Te he visto jugar mejor que eso. ¿Qué está pasando?"

Normalmente, contestaría, "Lo sé, ¡jugué horrible! No estaba metido. Me dolía la cabeza (o la razón que fuera)…" y la conversación seguía.

Como habrás notado, comencé por hacerle saber que disfruté el juego, no que hizo un buen trabajo. Luego, no prejuiciosamente, le hice saber que no dio lo mejor de sí basándome en el rendimiento que le he visto en el pasado.

Para Concluir…

Nosotras las mamás somos las fans #1 de nuestros hijos. Tal como es ahora, nuestros hijos son bombardeados con comentarios y mensajes negativos durante el día. Es importante que contrarrestemos esos mensajes con amor, apoyo y aliento para que puedan desarrollar confianza y tener éxito. Pero tienen que ser comentarios honestos y aliento verdadero.

Eres la mamá y tú los conoces mejor. Cuando están siendo mediocres o evitando cosas—tomando el camino fácil—es nuestra responsabilidad traerlo a colación y corregir ese mal hábito. Si no abordamos el problema ahora, nuestros hijos potencialmente se volverán adultos mediocres.

La parte triste es que, en algunas instancias, no están ni siquiera conscientes de su mediocridad porque como niños nunca fueron corregidos. Evita decirles "buen trabajo" cuando no hicieron un buen trabajo. Ellos saben cuándo no hacen un buen trabajo.

Comenzando hoy, solo dales aliento verdadero. Tu preadolescente o adolescente apreciará tu honestidad y comentarios constructivos.

Estrategia 3. Programa tiempo para "pasar un rato" con tu preadolescente o adolescente.

¿Qué te viene a la mente cuando oyes la frase "pasar un rato"? Tal vez te imaginas un tiempo cuando tú y tus mejores amigos estaban tan relajados, despreocupados, pasándola muy bien.

Intencionalmente uso la palabra "pasar el rato" porque así es como quiero que lo veas—un tiempo que apartas para que tu preadolescente/adolescente disfrute tu compañía sin un objetivo en mente.

> NO LOS BOMBARDEES CON PREGUNTAS COMO SI FUERAS UN AGENTE DE LA CIA EN UN CUARTO DE INTERROGACIÓN.

Es durante esos momentos especiales que las puertas al corazón y la mente de tus jóvenes se abren. Una vez que te dejan entrar, por favor ten tacto. No los bombardees con preguntas como si fueras un agente de la CIA en un cuarto de interrogación. En cambio, relájate y ten una conversación.

Una vez a la semana, por al menos treinta minutos, libera tu tiempo y tu mente, cambia la velocidad y enfócate en tu hija o hijo. Si puedes, que sea más largo y programa ratos más a menudo, por favor. Otra opción, especialmente para mamás ocupadas que tienen más hijos es programar ratos más cortos. Estos ratos pueden ser tan simples como una conversación en la privacidad de su cuarto, o más complejos como tener una cena a la luz de las velas en un restaurante italiano. El lugar realmente no importa. Lo que realmente importa es el hecho de que apartes tiempo para estar presente, totalmente involucrada, y enfocada en tu joven.

Averigua lo que funcione mejor para ti y tu joven. Estas son algunas ideas:

Salidas más largas:

1. Cenar

2. Noche de películas (en el cine o en tu sala de estar)

3. Hacer ejercicio

4. Ir a un Café

5. Caminar por el centro, o en un centro comercial.

6. Noche de juegos con tu hija o hijo, o invitar a sus amigos.

7. Picnic en el parque o en la sala mientras ven una película juntos.

8. Noche de arte.

9. Jugar afuera, escalar, boliche, tenis, paintball, laser-tag, tiro con arco, go-carts, trampolín, centros de escalada, etc.

10. Masajes

11. Visitar un museo

12. Asistir a galerías y centros de arte. La mayoría de sedes de arte albergan recepciones que están abiertas al público.

13. Asistir a un concierto.

14. Asistir a un show de teatro local. Considera las actuaciones en escuelas locales.

15. Tomen una clase de cocina o de arte juntos.

16. Salgan a comer helado.

17. Un paseo por el centro comercial.

Salidas más cortas:

1. Siéntate al borde de su cama antes de dormir y tengan una conversación.

2. Monten bicicleta.

3. Vayan a caminar/correr.

4. Preparar *hors d'oeuvres* juntos y disfrutarlos.

5. Cocinar u hornear una receta juntos.

6. Hacer las uñas y el cabello de la otra.
7. Hacer meditación guiada juntos.
8. Completar un proyecto o jugar videojuegos juntos.
9. ¡Deja que tu preadolescente/adolescente decida!
10. Juntos, escuchen las 10 canciones favoritas de tu hija o hijo. (Sé que esta podría ser dolorosa para algunas mamás, pero significará el mundo para tu preadolescente o adolescente.)

Si esta es una nueva práctica, tómate el tiempo de introducir la idea a tu preadolescente o adolescente primero. Una sugerencia: "Cariño, hemos estado muy ocupados últimamente y extraño pasar tiempo contigo. Me encantaría que hiciéramos algo juntos, tú y yo, cada semana por alrededor de treinta minutos, para mantenernos en contacto. Prometo que será un tiempo libre de presión y de interrogación. ¿Qué dices?"

Estos son algunos tips para hacer de esta una experiencia agradable.

1. Está presente y consciente.
2. Aléjate de dispositivos de comunicación. Sin llamadas o mensajes de texto.
3. Ten en mente que esta no es una oportunidad de interrogación.
4. No pases por una dictadora con una agenda en mente. Simplemente sugiere y está dispuesta a escuchar.
5. Si tu preadolescente o adolescente es un hablante limitado, comienza la conversación. Comparte con ellos algo que te haya pasado y pídele que comente. Pregúntale qué haría si le pasara a él/ella.

6. Si tu preadolescente o adolescente está afligido y no quiere pasar el rato hoy, respeta su pedido. Envíale un mensaje inspirador, un verso reconfortante de la Biblia, un video divertido de YouTube, o un meme gracioso. Cuando se calme, visítale en su habitación.

7. ¡Relájate y diviértete!

También puedes considerar pasar algunos minutos cada día para ponerse al día. No tiene que ser programado todo el tiempo. Algo que he estado haciendo con mis preadolescentes y adolescentes desde que estaban en la escuela primaria es lo que llamo una reseña diaria.

Básicamente, una reseña diaria es una conversación de cinco a diez minutos en la que compartimos lo más destacado de nuestro día. Para ser honesta, las conversaciones podrían durar entre uno y treinta minutos basándose en el humor en el que estén después de la escuela. Ya que principalmente trabajo desde casa, normalmente estoy disponible cuando mis hijos llegan a casa de la escuela. Tenemos nuestras reseñas diarias tan pronto como llegan. Cierro mi laptop, silencio mi teléfono, y escucho. Les doy mi completa atención.

Si estás fuera cuando tus hijos llegan a casa, pueden hacer su reseña diaria conduciendo a casa después de sus programas y prácticas extracurriculares, durante la cena, o antes de ir a la cama. Si tus hijos llegan al mismo tiempo, da a cada hija o hijo tiempo para hablar de su día sin que uno interrumpa al otro. Al darle algunos minutos de tu día, cada día, estás fortaleciendo su relación y conectándote con ellos auténticamente.

Para Concluir...

Como con cualquier nuevo hábito, tomará algo de tiempo para que tu joven acepte que estás siendo sincera y que realmente te importa esta relación. No hagas un hábito cancelar o reprogramar, ya que esto solo arruinará la confianza que tu hija o hijo tiene en ti. Puede haber circunstancias en las que tendrás que reprogramar tu cita. No te sientas culpable por eso. En cambio, asegúrate de seguir. Sé persistente y paciente. ¡Las mamás no se rinden!

Estrategia 4. Simplificar tu Vida Familiar.

Como madres, ponemos las bases de las vidas de nuestros hijos. Tomamos decisiones basadas en nuestra experiencia, valores y prioridades. Desde que nuestros hijos son jóvenes, comenzamos a pasarles nuestros valores y convertirnos en sus modelos a seguir. Cuando crecen, nuestros hijos comienzan a prestar atención a cómo vivimos nuestras vidas, las decisiones que tomamos, cómo usamos nuestro tiempo, cómo nos comportamos, y las cosas que más valoramos. Ellos entonces adoptan, rechazan, o reemplazan nuestros valores y hábitos (buenos o malos). La forma en la que vivimos nuestras vidas influirá en la forma en la que nuestros hijos vivan sus vidas como adultos.

> LA FORMA EN LA QUE VIVIMOS NUESTRAS VIDAS INFLUIRÁ EN LA FORMA EN LA QUE NUESTROS HIJOS VIVAN SUS VIDAS COMO ADULTOS.

En los últimos años, he notado una tendencia entre familias. Mientras más hablo con mamás, más comparten sobre sus estilos de vida acelerados. Vengo de una familia de diez. Cuando era adolescente, mi día involucraba levantarme y alistarme para la escuela, ir a la escuela, jugar en el jardín o el vecindario, escalar cuantos árboles pudiera, hacer tareas del hogar, comer la cena, y trabajar en mi tarea antes de acostarme.

Como familia, hacíamos algunas cosas juntos como ir de vacaciones, noches de juegos e ir a la iglesia los domingos por nombrar algunas. Estábamos ocupados, pero era un estilo de vida más lento. Algunos de mis hermanos estaban involucrados en actividades extracurriculares, otros preferían quedarse en casa. Mi recuerdo de infancia más preciado es que cada tarde a las seis en punto, nos reuníamos alrededor de la mesa a cenar juntos y compartir nuestras aventuras diarias.

Recuerdo haber tenido tiempo para relajarme y autodescubrirme, ver películas en el autocine, o ir a la playa con mis amigos saltando la escuela. La vida era buena. Mi papá era un ministro a tiempo completo en la iglesia local y mi mamá dejó su trabajo para ser madre a tiempo completo después de que mi segundo hermano naciera. Mi punto es, la mayoría de familias solían tener tiempo para estar tranquilos y conectar entre ellos. Hacían tiempo a un lado para pasar tiempo juntos, tener conversaciones, comer juntos y jugar juegos juntos. Tenían las mismas 24 horas cada día y 52 semanas al año—al igual que nosotros hoy.

Vidas Sobre-Programadas

Hoy en día, las familias viven vidas agitadas y aceleradas. El acto de estar ocupado está altamente glorificado por nuestra cultura, me parece. Todos están extremadamente ocupados y muchos parecen usar esta insignia con orgullo.

Casi siempre, cuando le pregunto a una mujer cómo está su preadolescente o adolescente, típicamente responde: "Jane se mantiene ocupada. Está en clases de baile tres noches a la semana. Baila para el equipo de danza de la escuela y juega softball en la liga de la ciudad. Acaba de inscribirse al club de drama de la escuela y es voluntaria una tarde a la semana en el refugio animal local. Está tan ocupada que difícilmente cruzo camino con ella estos días."

Hoy, los preadolescentes y adolescentes están más ocupados que nunca. De actividades extracurriculares, clases de música, clases de danza, deportes, juegos, actividades espirituales, la escuela, voluntariado, tareas y trabajo, estos jóvenes saltan de una actividad a otra sin descansos.

Algunos no tienen otra opción que engullir sus comidas en camino a su siguiente actividad mientras otros saltan sus comidas hasta llegar a casa y comer la cena antes de ir a la cama. Día tras día, estos jóvenes tienen lugares en los cuales estar, lo que consecuentemente les deja tiempo limitado para calmarse y relajarse.

Nuestros jóvenes viven vidas sobre-programadas. Entonces nos preguntamos por qué, de acuerdo con el de Departamento de Salud y Servicios Humanos de los EEUU, aproximadamente uno de cada cinco adolescentes tienen un desorden de salud mental, y cerca de un tercio de ellos muestran síntomas de depresión[4].

Como adultos, no siempre estamos bien equipados para lidiar con la ocupación y el estrés que viene con un estilo de vida acelerado. Aunque mantener un estilo de vida agitado puede mejorar la salud mental, también puede llevar a niveles poco saludables de estrés si no tenemos cuidado[5]. Investigaciones han mostrado que altos niveles de estrés pueden llevar a problemas de salud mental como irritabilidad, ansiedad, sentirse abrumado, y depresión.

En el lado de la salud física, el estrés puede incrementar el riesgo coronario, el alto colesterol, la hipertensión, obesidad, fatiga y complicaciones gastrointestinales, solo por nombrar algunas[6].

Si, como adultos, luchamos para mantener el paso de nuestra agitada vida y mantener nuestro bienestar, ¿cuánto más difícil puede ser para un preadolescente o adolescente mantener un estilo de vida acelerado sin enfrentar como consecuencia una crisis psicológica, emocional o fisiológica? Hay mucho que nuestros cuerpos y

> ¿CUÁNTO MÁS DIFÍCIL PUEDE SER PARA UN PREADOLESCENTE O ADOLESCENTE MANTENER UN ESTILO DE VIDA ACELERADO SIN ENFRENTAR COMO CONSECUENCIA UNA CRISIS PSICOLÓGICA, EMOCIONAL O FISIOLÓGICA?

mentes son capaces de tolerar sin terminar colapsando. Y la falta de descanso o reposo puede ciertamente debilitar nuestra mente, cuerpo y alma.

Permíteme aclarar antes de continuar, creo que nuestros jóvenes necesitan ser activos. Sabemos de los numerosos beneficios físicos y psicológicos de ser activos. Al comenzar a descubrir sus pasiones, intereses y habilidades, es importante que les demos oportunidades de desarrollarse y poner en práctica sus habilidades y talentos. Por decir lo mínimo, nuestros jóvenes prosperan en actividad.

Lo que sugiero es, "mucho, muy rápido y sin tiempo libre" es una receta para la sobrecarga y el agotamiento. Cuando nuestros jóvenes tienen tiempo libre limitado o no tienen en absoluto, se privan de nutrir su creatividad, explorar su potencial, desarrollar recursos internos, ser innovadores, y descansar sus cuerpos.

Echa un buen vistazo a los horarios de cada uno. ¿Cómo se ven? ¿Estás viviendo cada día, corriendo del trabajo a llevar a los niños a sus prácticas y a pocas penas llegas a preparar la cena? ¿Tu preadolescente o adolescente tiene todos los días ocupados de mañana a noche? ¿Tiene tiempo y días libres? Si tu respuesta a la última pregunta es *apenas* o *no en absoluto*, me gustaría recomendarte que consideres simplificar la vida de tu familia.

Permíteme compartir contigo dos pasos que te pueden llevar a simplificar la vida de tu preadolescente o adolescente: Consistencia y Evitar Sobre-Programar. En el capítulo 8 compartiré contigo estrategias para ayudarte a despejar tu vida y desintoxicar tus relaciones para que puedas vivir una vida más simple y con más propósito.

Simplificar la Vida de mi Preadolescente/Adolescente

Ahora probablemente estarás pensando: "Si conocieras mi situación, sabrías que me es imposible simplificar la vida de mi hijo". Entiendo. Algunas familias están más ocupadas que otras.

Mi familia también vivía un estilo de vida agitado. Mi esposo Sergio y yo trabajábamos de nueve a cinco. En adición a la escuela, nuestra hija estaba involucrada en danza, clases de música, Niñas Exploradoras, y clases de arte. Nuestro hijo estaba involucrado en fútbol, clases de música, la banda de la escuela, y banda de jazz.

Para completar, mi esposo y yo servíamos en varios comités de nuestra iglesia y éramos voluntarios en algunas organizaciones locales. Entre trabajar, cuidar de las necesidades de mi familia, llevar a los niños por la ciudad, asistir a reuniones y hacer voluntariado, estábamos fuera de casa cada noche de la semana excepto los domingos.

En el fondo, sabía que el camino que llevábamos era peligroso y poco saludable. En medio de todo, mi esposo y yo tomamos una decisión—simplificar la vida de nuestra familia. Aprendí el valor y los beneficios de simplificar nuestras vidas. Aprendí que si no despejo el horario de mi preadolescente o adolescente, los privaría de la oportunidad de explorar su potencial, sintonizarse con ellos mismos, experimentar la calma, y disfrutar estar en casa.

> APRENDÍ QUE SI NO DESPEJO EL HORARIO DE MI PREADOLESCENTE O ADOLESCENTE, LOS PRIVARÍA DE LA OPORTUNIDAD DE EXPLORAR SU POTENCIAL, SINTONIZARSE CON ELLOS MISMOS, EXPERIMENTAR LA CALMA, Y DISFRUTAR ESTAR EN CASA.

Ahora que tenemos la intención de simplificar nuestros horarios, estamos más conectados y podemos pasar más tiempo juntos mientras seguimos haciendo las cosas que amamos. Como resultado, nuestro hijo recientemente ha descubierto su nueva pasión por la fotografía y nuestra hija tiene tiempo de hacer *squishies* y promocionar su tienda online.

¿Por qué están sobre-programados los horarios de nuestros adolescentes? Al hablar de este asunto con padres, algunos me comparten que quieren exponer a sus hijos a tantas experiencias como sea posible durante sus años de infancia y adolescencia. Otros quieren que sus preadolescentes exploren oportunidades para que puedan descubrir sus pasiones y potencial. A menudo, los padres han compartido el hecho de que están pensando en posibles oportunidades financieras disponibles para la universidad de las que sus adolescentes se podrían beneficiar.

Estas son razones legítimas. Pero ten en cuenta que mientras más ocupados estén nuestros jóvenes, menos tiempo tendrás disponible para sintonizarse con su yo interior y poder conectarse auténticamente con su familia.

Comencemos por aclarar que esto no es un ajuste rápido. En cambio, es un cambio de estilo de vida que comienza con comprometerse a dar pasos pequeños a una vida menos ajetreada. Mientras más ocupado esté el horario de tus jóvenes, más tiempo podría requerir simplificarlo. Al simplificar sus vidas, estos jóvenes tendrán menos distracciones, menos presión, más concentración, y la oportunidad de estar mejor sintonizados con su bienestar.

Paso 1. Consistencia

Cuando trabajo con padres, a menudo comparten su frustración con la consistencia. Después de todo, la vida es impredecible y no hay tal cosa como un día típico. Hacemos planes, pero no siempre podemos controlar las circunstancias que nos rodean. Podemos, sin embargo, proveer consistencia en las áreas que están bajo nuestro control. Hay una cosa en la que la mayoría de los preadolescentes y adolescentes están de acuerdo—necesitan consistencia.

En el libro *Crianza con Simplicidad*, el autor Kim John Payne sugiere que incrementar el ritmo de tu vida casera es una de las formas más poderosas de simplificar las vidas de tus hijos. Añade que las relaciones se construyen cuando hay tiempo disponible para desarrollarlas[5].

Los niños y jóvenes necesitan consistencia en sus vidas. ¿Por qué es tan importante la consistencia para nuestros jóvenes? La consistencia crea seguridad, expectativa, confiabilidad y paz mental. Quieren saber qué esperar y las consecuencias de esas expectativas.

> LA CONSISTENCIA CREA SEGURIDAD, EXPECTATIVA, CONFIABILIDAD Y PAZ MENTAL.

Estos son cuatro tips para dar consistencia a las vidas de nuestros jóvenes incluso durante esos días ocupados.

Tip 1. Prever el horario de la siguiente semana.
Al principio de cada semana, repasa el horario familiar con tus hijos. Normalmente hago esto la noche del domingo durante la cena o antes de ir a la cama. Un consejo—evita parecer un dictador. Simplemente comparte el horario y permíteles dar su opinión. A veces, pueden hacerse ajustes en el horario para cumplir las necesidades de todos. Sin embargo hay momentos en los que actividades en el horario no son negociables. Y eso está bien.

No sé de tu preadolescente o adolescente, pero mi hijo y mi hija sufren de amnesia selectiva. Tienden a recordar todo lo relacionado a sus necesidades y deseos, pero las cosas que no encajan en su agenda no tienen lugar en su memoria.

Para evitar malentendidos, también les doy actualizaciones y recordatorios diarios. Dependiendo de sus horarios, les recuerdo durante la noche después de nuestro tiempo de devoción o antes de que salgan de casa en la mañana. Mis hijos aprecian estos recordatorios semanales y diarios porque los ayuda a planificar en concordancia. También saben qué esperar esa semana en particular, creando estabilidad y paz mental.

Tip 2. Sincroniza los horarios de tu familia.

Hay algunas formas de sincronizar sus horarios. Cada miembro de la familia puede tener una versión impresa del calendario semanal que puedan poner en el refrigerador o en un tablero en su habitación. También puedes imprimir una copia pequeña del horario de la semana que puedan pegar en su agenda escolar.

Otra idea es sincronizar los calendarios de sus teléfonos. Hay aplicaciones que te permiten sincronizar los calendarios de aquellos en el plan familiar. Crea un calendario familiar al que todos puedan acceder. Normalmente estas aplicaciones se instalan instantáneamente. Esto ayuda a cada miembro de la familia a tener acceso instantáneo al horario y poder actualizarlo en el sitio.

Tip 3. Haz ciertas actividades consistentemente.

En nuestra casa, cenamos juntos tan a menudo como sea posible. Hemos sido bastante consistentes con esta práctica desde que nacieron nuestros hijos. Sin embargo, hay algunas noches en las que no todos pueden estar en casa a la hora de la cena. Independientemente, aquellos que estén en casa se sientan en la mesa. Otra actividad que hacemos juntos son las oraciones antes de ir a la cama. A las 9:15 pm, todos nos reunimos en nuestra habitación para orar.

Algunas familias encuentran más fácil desayunar juntas y otras tienen ciertos rituales antes de salir de la casa o antes de ir a la cama. Una mamá me dijo que su familia tiene una hora tranquila antes de ir a la cama. Los hijos trabajan en su tarea mientras los padres leen por placer.

Tip 4. Imparte disciplina consistente.

Cuando ejercía como psicóloga, a menudo los jóvenes compartían su frustración con la disciplina inconsistente en su casa. Decían que mamá los dejaba quedarse hasta las 10 pm en casa de su amigo. Sin embargo papá se molestaba porque esperaba que estuvieran en casa a las 9 pm. Otros jóvenes me decían que a papá le importaba menos el tiempo que pasaran jugando juegos de video, pero mamá los reprendía por jugar por horas.

Luego, había algunos adolescentes que apreciaban la disciplina inconsistente porque podían salir de algunas cosas sin consecuencias. No hace falta decirlo, los preadolescente y adolescentes estaban de acuerdo en que la disciplina inconsistente los volvía locos porque los límites no estaban claros y no sabían qué esperar.

Francamente, nadie puede ser consistente todo el tiempo. Y es muy difícil permanecer consistente. Sin embargo, hay un peligro con ser frecuentemente inconsistente. La conducta de tus hijos podría escalar, y probablemente te vean menos como una autoridad. Cuando somos inconsistentes con nuestra disciplina, enviamos mensajes mixtos y confundimos a nuestros hijos. Consecuentemente, dañamos nuestra relación con ellos.

Si esta es un área que necesita mejora en tu familia, tengo dos sugerencias para ti. Primero, toma un tiempo para discutir el asunto con tu pareja. Respetuosamente, identifiquen las

> LA DISCIPLINA CONSISTENTE CREA LÍMITES, EXPECTATIVAS Y RESPONSABILIDAD.

áreas en las que ambos no están impartiendo disciplina consistentemente. Como equipo, hablen de las razones detrás de la inconsistencia y lleguen a un acuerdo mutuo. Segundo, aborden un problema de conducta que estén experimentando con su hijo a la vez. Trabajen en esa conducta específica y cuando esté corregida pasen a la siguiente. Ten en mente que abordar varias conductas a la vez puede crear confusión y abrumarlos.

Sé que hay dinámicas familiares en las que la disciplina consistente de parte de ambos padres es simplemente imposible. Es posible que no puedas controlar la forma en la que el padre de tu hijo imparta disciplina, especialmente cuando vive en otra casa. Sin embargo, puedes controlar la forma en la que impartes disciplina cuando está contigo.

Es importante que digas las cosas en serio. De otro modo,

lo que dices comienza a perder su significado. Entiendo que habrá circunstancias en las que podrías tener que ajustar tu estilo de disciplina. Tanto como puedas, te recomiendo que te adhieras a tus decisiones y seas consistente. La disciplina consistente crea límites, expectativas y responsabilidad.

Te animo a que encuentres lo que funcione para tu familia. Tanto como puedas, practica una disciplina consistente. Los límites, reglas, expectativas y consecuencias deben ser claros y consistentes. Habla con tu hija o hijo y pregúntale su opinión. Comienza haciéndole saber las razones por las que quisieras simplificar su vida. Hazle saber que al ordenar su horario, podrá tomar un descanso de sus ocupaciones, estar más sintonizada con su yo interno, experimentar consistencia, menos estrés, y paz mental. Te sorprenderá cuánto anhela simplicidad y consistencia.

Paso 2. Enseña a tu Preadolescente/Adolescente el Arte de No Sobre-Programar

Cuando mi esposo Sergio y yo entendimos qué tan saturadas estaban las vidas de nuestros hijos, lo primero que hicimos fue sentarnos con ellos y hablar de las consecuencias de que se quedaran así de ocupados y los beneficios de simplificar sus vidas. Les pedimos que hicieran una lista en un papel de cada actividad en la que estuvieran involucrados y las clasificaran basándose en su preferencia.

Luego, les pedimos que escogieran una actividad que estuvieran dispuestos a dejar para que pudieran vivir una vida menos agitada. En caso de que se rehusaran a escoger alguna actividad, nuestro plan B era dejar ir la última actividad de su lista. Para sorpresa nuestra, cada uno seleccionó una o dos actividades que estaban dispuestos a dejar sin quejarse.

¿Quieres saber por qué estaban dispuestos a dejar algunas actividades? Realmente se sentían abrumados. Mi esposo y yo nos unimos a ellos haciendo el mismo ejercicio y también dejamos ir algunos compromisos.

Algunos compromisos requerían de un simple email para cancelar, mientras que otros necesitaban un enfoque más transicional. Independientemente, dar este paso nos abrió algunas noches, lo cual apreciamos realmente.

Estos son dos tips para ayudar a tu preadolescente o adolescente a que no se sobre-programe:

Tip 1. Minimiza los Compromisos.
A medida que crecen, nuevas actividades y oportunidades se presentarán. Si tu hija quiere estar en el equipo de danza el siguiente año, pregúntale "¿Qué compromiso(s) presente(s) estás dispuesta a dejar para acomodar esta nueva actividad en tu horario?" Esto le enseñará a ser selectiva, reemplazar una actividad con otra y evitar la sobre-programación que a menudo lleva al estrés.

Tip 2. Aparta Tiempo para Descansar
El descanso es esencial para evitar el agotamiento físico y psicológico. Mientras las exigencias incrementan en sus vidas y no haya suficiente descanso, nuestros hijos ponen en riesgo su bienestar físico y emocional. En consecuencia, funcionan en piloto automático.

¿Has estado en un salón de clases durante el primer o segundo periodo? Es como ver una película de zombies vs. aliens. Estos niños están tan desconectados en las mañanas que los extraterrestres podrían tomar la escuela y ni siquiera lo notarían hasta que se encontraran en una jaula dentro de una nave espacial para ser investigados.

Lo que más me preocupa es que, debido al agotamiento, pierden instrucción y no rinden al máximo. El descanso no solo es esencial para funcionar en la vida, también incrementa la atención, concentración, innovación y el aprendizaje.

Déjame compartir contigo tres ideas para animar a tu preadolescente o adolescente a programar tiempo de descanso.

Idea 1. Fija tiempo de descanso en tu horario.
Si tu hija o hijo tienen un horario ajetreado, recomiendo encarecidamente programar tardes libres. Sea una, dos o tres tardes a la semana, un descanso en medio de un horario agitado es simplemente una buena práctica, que es esencial para su bienestar. Queremos enseñar a nuestros hijos el arte de no sobre-programarse para prevenir la angustia emocional que viene con la agitación continua. Bloquea al menos un día a la semana para que no tenga actividades extracurriculares.

Algunas familias bloquean el domingo como su día de descanso. Otras familias, como la nuestra, seleccionan una o dos noches cada semana sin actividades extracurriculares. Tener noches libres entre días de semana rompe el ciclo de ajetreo y enseña a tu joven que está bien no estar ocupado todo el tiempo. También libera el horario para aventuras espontáneas como ir a la heladería a comer un suculento banana split o un sundae de caramelo.

Inicialmente podrían quejarse del aburrimiento. No te preocupes, no dejes que sus quejas te afecten. Eventualmente verán qué hacer con sus noches libres. Encontrarán que no tienen la necesidad de hacer las tareas con prisa. Hasta tendrán algo de tiempo extra para relajarse y escuchar música. Ten en mente que no eres su planificadora de eventos. Déjalos averiguar cómo disfrutar sus tardes libres.

Idea 2. Programa una hora de "luces apagadas".
La hora de dormir varía de adolescente a adolescente basándose en diferentes factores. Sin embargo, es importante que aprendan a ser disciplinados y paren todas las actividades al final del día para descansar. Comienza ayudándoles a entender que no es saludable privarse de descansar. En nuestra casa, las luces se apagan a las 10 pm y todos van a sus habitaciones. Puede que no se duerman de inmediato. No obstante, están desarrollando autocontrol y dándose la oportunidad de serenarse al final del día.

Idea 3. Limitar el tiempo de pantalla y el acceso a sus teléfonos. Los adolescentes de hoy pasan un sinfín de horas en sus teléfonos. De acuerdo con una encuesta de Common Sense Media, una organización sin fines de lucro enfocada a educar a niños, padres, maestros y legisladores sobre los medios y la tecnología, uno de cada dos adolescentes sienten adicción a sus dispositivos móviles (uso del teléfono y el Internet) y casi el 80% de los adolescentes revisan sus teléfonos cada hora[8].

Tal vez este tip pueda ser difícil de digerir para tu preadolescente o adolescente. Aquí es cuando tu hija o hijo te dice que estás perdiendo tu tiempo leyendo este libro y llegarán hasta a decirte que deberías encontrar un hobby o algo qué hacer. Podrían esconder el libro o publicarlo en Amazon para reventa. No estarán felices con eso, pero créeme; es crucial establecer límites a su uso de pantallas. Te animo a que establezcas algunas reglas sobre el uso de teléfonos si no lo has hecho ya. Estas son algunas sugerencias para ayudarte a implementar este cambio:

1. Programa actividades en las que el celular no pueda ser usado como una "cena libre de dispositivos". Esto incluye a papá y mamá también. Tenemos que dar el ejemplo del comportamiento que queremos ver en nuestros hijos. Y si no lo haces, tu preadolescente te regañará por el resto de tus días.

2. Programa una hora para apagar el teléfono. En nuestra casa, los dispositivos deben ser apagados a las 9:30 pm durante el año escolar. Durante el verano, los teléfonos se apagan de 10:30 pm a las 10:00 am del siguiente día.

3. Busca aplicaciones que bloqueen el uso del teléfono.

4. Ten una estación de teléfono donde se dejen los teléfonos a la hora que selecciones. Si usan su alarma para

despertarse en la mañana, no te preocupes. Pueden comprar un reloj de alarma en alguna tienda.

Para Concluir...

No hay duda—los jóvenes prosperan en la actividad. Un nivel saludable de actividad es esencial para aumentar su bienestar físico, emocional y psicológico. Como mamás, podemos ayudar a nuestras hijas e hijos a evitar la tendencia tóxica de sobre-programarse. Simplificación, consistencia y descanso frecuente son opciones más saludables para ayudarles a liberar tensión mientras también sirven como descanso de las presiones de la vida diaria. Mientras nuestros jóvenes aprenden a evitar sobre-programarse, les abrirá tiempo libre que puedan usar para relajarse, explorar, crear, innovar, reflexionar y fortalecer las relaciones con sus seres queridos.

"No hay manera de ser una madre perfecta,
pero un millón de maneras de ser una gran madre."
—JILL CHURCHILL

2
FOMENTAR LA COMUNICACIÓN ABIERTA Y LA ESCUCHA INTENCIONAL

"Si la maternidad viniera con un GPS ¡la mayoría del tiempo solo diría 'recalculando'!"

—SIMON HOLLAND

Al entrar en los años pre- y adolescentes, de repente, la opinión de un montón de preadolescente o adolescente es considerada como 'la mayor fuente de sabiduría'. Pasan de ser un libro abierto a hablar menos y menos contigo e involucrarse más con sus amistades. Aunque menos comunicación con los padres puede ser un signo de independencia, si no tenemos cuidado nuestra influencia puede estar en riesgo.

Los jóvenes se han vuelto el blanco de mensajes contradictorios y elecciones poco saludables. Estos jóvenes son bombardeados con mensajes contradictorios con la intención de confundirlos para que otros puedan aprovecharse de su vulnerabilidad. Más que nunca, fomentar la comunicación abierta y escucha intencional entre tú y tu hija o hijo es esencial para mantener una relación saludable con ellos. Aunque la comunicación entre tú y tu preadolescente o adolescente sea muy buena o necesite un pequeño impulso, siempre hay margen de mejora. En este capítulo, comparto algunas maneras de fomentar la comunicación abierta entre tú y tu hija o hijo, y adoptar la escucha intencional.

Antes de continuar, quisiera invitarte a tranquilizar tu cuerpo y mente, y relajarte un momento. Una cosa que oirás de mí una y otra vez es que, como mamás, debemos cuidar de nosotras para poder ayudar mejor a nuestra familia.

Este es un ejercicio rápido y simple de respiración para ayudarte a reagruparte antes de seguir leyendo. Comienza este ejercicio encontrando una posición cómoda. Eres bienvenida a sentarte en una silla, o en el piso juntando tus pies en posición mariposa, o acostarte de espaldas cómodamente.

Respira profundamente... uno, dos, tres... mantiene... uno, dos... exhala... uno, dos, tres.

De nuevo, respira... uno, dos, tres... mantiene... uno, dos... exhala... uno, dos, tres.

Sigue respirando lentamente y libera áreas de tensión, siente tus músculos relajarse. Deja que tus preocupaciones se alejen. Deja que tu respiración te relaje.

Respira de nuevo... uno, dos, tres... mantiene... uno, dos... exhala... uno, dos, tres...

Respira ... uno, dos, tres... mantiene... uno, dos... exhala... uno, dos, tres...

Repite como sea necesario.

Ahora que te sientes mejor y más concentrada, continuemos.

Fomentar la Comunicación Abierta

Tú y yo sabemos de la importancia de tener una comunicación abierta con nuestro preadolescente o adolescente. Hoy, nuestros hijos tienen acceso ilimitado a mucha información a través de la red, sea buena, mala o fea. Tienen acceso a la red todo el tiempo y donde sea desde la mayoría de dispositivos electrónicos. La información está al toque de un botón o a un clic. Tanto como tratemos de restringir o supervisar a nuestros hijos, no siempre podemos controlar a lo que están expuestos cada momento del día.

Podemos, sin embargo, enseñar a nuestros hijos a ser inteligentes y tomar las decisiones correctas. También podemos ser la influencia #1 en nuestros jóvenes cultivando la confianza y los límites saludables.

A veces, podemos ser un poco insistentes y críticos con nuestros hijos. Sin siquiera notarlo, nos distanciamos de ellos. Otras veces, simplemente no sabemos qué hacer para conectarnos con ellos. Si encuentras dificultades en la comunicación abierta entre tú y tu preadolescente o adolescente, me encantaría compartir contigo cuatro estrategias que uso para fomentar la comunicación abierta entre mi preadolescente o adolescente y yo. La parte emocionante es que de hecho aprendí estas estrategias simplemente preguntándoles a mis hijos.

1. Está Presente.

A estas alturas ya has aprendido el valor de simplificar la vida de tu preadolescente o adolescente organizando su horario. Ahora, es hora de enfocarte en estar presente como una forma de conectarte con ellos de manera significativa. Estar presente no significa estar en posición

> ESTAR PRESENTE SIGNIFICA TENER LA INTENCIÓN DE PERMANECER INVOLUCRADA EN LA VIDA DE TU HIJA O HIJO Y SER CONSCIENTE MIENTRAS PASAS TIEMPO CON ÉL O ELLA.

pasiva esperando que tu hijo pida algo o dejar todo lo que estés haciendo cada vez que tu preadolescente o adolescente quiera algo de ti. Estar presente significa tener la intención de permanecer involucrada en la vida de tu hija o hijo y ser consciente mientras pasas tiempo con él o ella. En otras palabras, durante esos diez o quince minutos que pasas con tu hija o hijo, eres toda suya.

Si tu preadolescente o adolescente es como los míos, normalmente querrán hablar contigo cuando estás más ocupada. Estaba en medio de escribir el capítulo 1 de este libro bastante inspirada mientras tipeaba mis pensamientos en mi computadora. De repente, se paró frente a mí mirándome y esperando ansiosamente que dejara lo que estaba haciendo para que le prestara atención a lo que ella tenía que decir.

Verás, a mi hija le gusta hacer juguetes para apretar. Si no estás familiarizada, ¡tienes suerte! Estos juguetes tienen varias formas o personajes y están hechos de material suave, como goma espuma de memoria. Los niños los coleccionan para poder apretarlos una y otra vez.

Mi hija te dirá que estos juguetes son aliviadores de estrés para ayudar a los niños a manejar su tensión— ¡bastante convincente! Le gustan tanto estos juguetes que tiene su propia tienda online en Etsy y su canal de YouTube en el que hace reseñas de *squishies* (nombre en inglés de estos juguetes) y también enseña a niños a hacer los suyos propios.

Mientras tipeaba, eso sí, estaba muy metida en mi tren de pensamientos, se paró frente a mí un tanto inquieta, no con uno ni dos, sino con 5 nuevos *squishies* en sus manos. No solo quería mostrarme los nuevos *squishies* que había terminado de hacer, sino que también quería que apretara cada uno de ellos y los evaluara como normales o lentos.

Al momento, estaba a mitad de un pensamiento y necesitaba concentración total. Le dije a mi hija, "Realmente quiero revisar tus *squishies* y estaría feliz de hacerlo, pero ahora mismo estoy a mitad de un pensamiento. Necesito terminar esto para poder darte mi completa atención y tomarme el tiempo de realmente sentir cada *squishy*. ¿Podemos hacerlo después de que termine?"

Aunque estuvo de acuerdo, pude notar que estaba un poco decepcionada. Terminé el párrafo en el que estaba trabajando y, como acordamos, le pedí que me mostrara los *squishies*. Estoy segura de que mueres por saber cómo evalué sus *squishies* artesanales. Todos estuvieron bajo la categoría de lentos.

La verdad es que tenemos que estar presentes para nuestros hijos. Al igual que mi historia con los *squishies*, no sugiero que detengas todo lo que estás haciendo cada vez que tu hija o hijo busque tu atención. Después de todo, quieres que aprendan lecciones fundamentales de la vida como, "El mundo no gira alrededor de ti, hay tiempo para todo y, algunas veces, simplemente tienes que esperar". Pero por favor asegúrate que de este ser el caso, cumplas con la conversación que prometiste a tu hija o hijo. No los hagas esperar sin que terminen teniendo la conversación.

Aunque queremos que nuestro preadolescente o adolescente aprenda el arte de aprender, es igualmente importante que evalúes la situación. Hay situaciones en las que tenemos que ser flexibles. Tenemos que distinguir entre cosas que pueden esperar y conversaciones que requieren atención inmediata.

Pregúntate; "¿Es esto algo que requiere atención inmediata?" Tal vez tu hijo haya estado un poco distante últimamente, y sin embargo viene a ti para pedir consejo mientras te estás haciendo las uñas. Si este es el caso, quizás, poner a un lado las cosas y escuchar a tu preadolescente o adolescente podría ser lo correcto. Si esto es algo que puede esperar, como la sesión de prueba de los *squishies* de mi hija mientras estaba en medio de mi momento de pensamiento, enseña a tu preadolescente o adolescente que hay momentos en los que tienen que esperar.

En conclusión, tenemos que estar totalmente presentes cuando tenemos una conversación con nuestro preadolescente o adolescente. Esto significa que durante la conversación no puedes responder llamadas telefónicas (a menos que una emergencia amerite tu atención), no puedes revisar redes sociales, email, o ver televisión. Saben cuándo no estás presente, y se resienten.

Querrás que tu hija o hijo pueda acudir a ti cuando tenga problemas o necesite hablar. Por eso te animo a estar presente, escuchar y mostrar a tu hija o hijo que lo que tiene que decir realmente te importa.

2. Manten tu Voz Baja.

Siempre les decimos a los niños que usen su voz interior. Sea en la escuela, iglesia, cine, o tienda de víveres, queremos que aprendan autocontrol. Cuando trabajaba para un sistema escolar, una de mis oficinas estaba ubicada cerca de la entrada principal de la escuela. No puedo decirte cuántas veces al día tenía que recordar a los estudiantes que bajaran sus voces mientras estaban dentro de la escuela.

A estos niños les costaba mucho hablar suave mientras caminaban por el pasillo. Quisiera haber tenido una grabadora de voz para poder reproducir eso una y otra vez, "Por favor matengan su voz baja." Al final del día, queremos que los niños entiendan que gritar es innecesario y que aprendan a controlar su tono de voz.

¿Qué hay de nosotras, las mamás? ¿Necesitamos una grabadora para recordarnos a nosotras mismas que hay que mantener nuestras voces bajas? A veces las conversaciones pueden calentarse. ¡Lo sé! Acabas de ver las calificaciones de tu hijo en línea y averiguaste que obtuvo una "F" en su reporte. Le preguntas cómo es que hay una "F" en su reporte y él pone la culpa en que su maestra no sabe enseñar. No solo estás decepcionada, sino también molesta porque tu hijo no toma responsabilidad por sus acciones. Naturalmente, te enfureces y quizás tu tono de voz comienza a escalar. Él se molesta contigo porque le estás gritando y comienza también a elevar su voz.

La conversación se vuelve cuanto menos una zona de guerra sin ganadores a coronar. He estado ahí. A principios de mi maternidad, aprendí que elevar mi voz al punto de gritar no resuelve los problemas ni modifica conductas.

Cuando mi hijo mayor tenía 5 años y mi hija 3, mi esposo y yo decidimos que, como padres, necesitábamos una evaluación parental. Después de todo, la mayoría de la gente recibe evaluaciones de rendimiento en sus trabajos con la meta de identificar fortalezas personales y ubicar áreas que necesiten mejorar.

Mi esposo y yo nos sentamos en el sofá negro de la sala familiar durante una fría mañana de sábado de tormenta en invierno. Encendimos la chimenea y llamamos a nuestros hijos para que se unieran a nosotros. Por otra parte, nuestra hija de 3 años era muy joven para entender qué estaba pasando. Simplemente se sentó junto a mí, mirándome con sus redondos ojos café esperando escuchar lo que tenía que decir. "Niños," dije, "Papá y yo necesitamos saber si estamos haciendo un buen trabajo como su mamá y su papá. Queremos saber cómo podemos ser mejores padres para ustedes." Como la madre valiente que soy, pregunté primero, "¿Cuál es su cosa favorita sobre mí?"

Los dejamos contestar la pregunta y escuchamos lo que tenían que decir. Nuestro hijo dijo que le gusta cuando cocino para él. Pobre niño, no sabe nada. No cocino tan bien. Nuestra hija venía después. Dijo en su dulce y gentil voz: "Me gusta cuando te acurrucas conmigo." Luego, dijeron las cosas que les gustan sobre su papá.

Luego, hice la pregunta, "¿Cuáles son las cosas que no les gustan mucho sobre mí?" Nuestro hijo contestó muy rápido: "Cuando nos gritas. Realmente nos asusta mucho a mi hermana y a mí."

¡Hablando de armas de destrucción masiva! Sentí como si una bomba me hubiese golpeado. ¿Cómo pueden mis propios hijos tenerme miedo? Soy su protectora; fan #1, y solo quiero lo mejor para ellos. Soy su mamá. Y sin embargo estaba haciéndoles daño no intencionalmente. Ese día, decidí dejar de gritar a mis hijos.

Si has notado que gritas a tu preadolescente o adolescente muy a menudo, tienes que saber que no eres la única. Eso pasa y no necesitas castigarte. Comenzando hoy, sé más consciente de este problema. Permíteme compartir contigo tres tips para ayudarte a trabajar hacia mejorar en esta área:

1. Como con cualquier hábito poco saludable, toma tiempo reemplazarlo con uno más saludable. Comienza trabajando intencionalmente en gritar menos y menos. Sintonízate contigo misma y sé consciente para no perder el control cuando estés molesta. Durante una conversación acalorada, repítete, "Estoy en control. Tengo que permanezer calmada."

2. Busca un compañero (tu pareja o una amiga cercana) para que te ayude a identificar cuando tu voz esté escalando. En mi intento de eliminar mis gritos, le pedí a mi esposo que gentilmente tocara mi brazo o mano como signo de que estaba escalando y necesitaba tranquilizarme. Cuando te encuentres gritando, regana el control, detente, respira profundo y siempre mantén to voz baja:

3. Está bien disculparte por gritar innecesariamente. Tu preadolescente o adolescente admirará tu honestidad y valor al admitir que hiciste mal.

Ahora, tengo que ser intencional para poder manter mi voz baja, especialmente durante conversaciones acaloradas. Cuando mantenemos nuestra voz baja y bajo control, la probabilidad de que una conversación se vuelva una zona de guerra es muy pequeña. No solo estás usando habilidades de comunicación ejemplares, sino también de auto control.

Sí, permanecer en control puede ser desafiante a veces. Pero puedo decirte que mientras más deliberada seas, más fácil se pone. No importa que tan furiosa me ponga, tengo que ser consciente y mantener mi voz baja. Créeme, no siempre me sale bien. Al igual que tú, es un trabajo en progreso. Siempre manten tu voz baja y firme, permanece en control, y cuando tu hija eleve su voz, pídele calmadamente que la baje. "No estoy subiendo mi voz y apreciaría que hicieras lo mismo."

3. Desarrolla, Nutre y Da Ejemplo de Confianza.
La confianza va en ambos sentidos. Define una relación. Queremos que nuestros hijos confíen en nosotros tanto como nuestros hijos quieren que confiemos en ellos. Sin embargo, la confianza no es algo que aparece mágicamente. Se gana. Ganamos la confianza de nuestros hijos al igual que ellos tienen que ganarse la nuestra. Cuando nos tomamos el tiempo de desarrollar, nutrir, y dar ejemplo de confianza, fortalecemos el vínculo entre madre e hija o hijo.

Como mamá, es un sentimiento asombroso ver a tu preadolescente o adolescente venir a ti por consejos o a compartir sus más profundos pensamientos. Es durante esos momentos que tienes la oportunidad de influenciar, aconsejar o simplemente escuchar a tu hija o hijo. Todo esto es posible cuando hay confianza.

Como dije antes, la confianza va en ambos sentidos. A veces, asumimos que nuestros jóvenes entienden el significado de la confianza. Es nuestra responsabilidad no solo enseñar sino también dar ejemplo de confianza. Investigaciones han mostrado que preadolescentes y adolescentes necesitan que los padres mantengan límites, reglas y valores familiares claros, mientras fomentan la competencia y la madurez[9]. Una vez que conocen los límites y expectativas, no debería haber espacio para excusas o malentendidos.

No puedo prometerte que no intentarán algún truco o convencerte de que no sabían que no debían tomar el auto sin tu permiso. Pero, cuando las reglas y expectativas son claras y se hacen cumplir consistentemente, puedes volver y decir, "He sido muy clara con las reglas de nuestra familia. Sabes que no puedes tomar el auto sin mi permiso. Quiero confiar en ti, pero cada vez que eliges no seguir las reglas, eso afecta nuestra relación".

Una mamá una vez compartió conmigo, en su esfuerzo de desarrollar confianza entre ella y su hija adolescente, decidió tratar la relación como si fueran mejores amigas. Comenzó a hablar y vestirse como su hija. Pensó, "Si me vuelvo su mejor amiga, confiará en mí y compartirá su vida conmigo." Desafortunadamente, este no es un enfoque saludable.

> Cuando tu preadolescente o adolescente te ve como una amiga, se cruzan los límites.

Los preadolescentes o adolescentes quieren y necesitan un padre y/o madre. Y, a menudo, este enfoque no lleva a la confianza. Hay diferencias entre estar ahí para tu hijo como padre y ser amiga de tu hija o hijo. Cuando tu preadolescente o adolescente te ve como una amiga, se cruzan los límites.

No verá la necesidad de respetarte y seguir tus direcciones porque, en su cabeza, ya no estás bajo la "categoría de adulto". Eres su amiga y, francamente, uno juguetea con sus amigos. Ser y actuar como un padre responsable y atento probablemente incremente el respeto, confianza y admiración de tu hijo para contigo.

Un padre gana confianza cada vez que sigue su palabra, cumple sus compromisos, trata a otros con respeto y compasión, y permanece firme en sus valores y creencias. También gana confianza cuando es sincero, lento en juzgar, e imparte disciplina con justicia y compasión. No se trata de enfocarse en volverse la mejor amiga de tu hija o hijo. Se trata de ser un padre fiable, confiable y atento.

Al trabajar en desarrollar y nutrir la confianza entre tú y tu hija o hijo, ten cuidado de confiar tanto en tu preadolescente o adolescente que ya no proveas la guiatura y los límites que aún necesitan. Además, cuídate de la tendencia de no confiar en tu hija o hijo, volverte excesivamente intrusiva y sospechosa de cada movimiento que hace. Ten en mente que estas tendencias pueden dañar la relación y contrarrestar tu intento de fomentar una comunicación abierta entre tú y tu hija o hijo.

Mi esposo y yo hemos enseñado a nuestros hijos las reglas, límites y expectativas de nuestra familia. Cuando ha sido necesario, nos tomamos un momento de refrescar sus memorias. Mi enfoque ha sido siempre, "Confío en ti a menos que se pruebe lo contrario"

Cuando mi hijo me preguntó si podía salir con cierta chica, me senté con él y le dije las reglas y expectativas de salir con alguien (también revisitamos 'la charla'). Dije, "Espero que respetes estas reglas. Si estás de acuerdo y te comprometes a seguir las reglas, no tengo problemas con que salgas con alguien. Por otra parte, si rompes las reglas, habrás consecuencias." ¡Claro y directo al grano!

La vida no siempre es arcoíris y unicornios, especialmente durante esta desafiante etapa del desarrollo. Habrá tiempos en los que la confianza re romperá, intencional o accidentalmente.

Cuando se rompa la confianza entre tú y tu hija o hijo, no desesperes. Si tu preadolescente o adolescente tomó una mala decisión que llevó a una falta de confianza, dile lo que puede hacer para recuperar tu confianza. Sé específica, firme y consciente sobre posibles circunstancias que puedan evitar que recupere la confianza, como distracciones o sobre-comprometerse. En vez de regañarlo por romper la confianza, ten una conversación con él. Aborda el problema y asegúrale que quieres confiar en él pero debe poner esfuerzo en recuperar tu confianza.

Es importante que disciplinemos a nuestros hijos y permitamos consecuencias naturales que resulten de sus malas elecciones. Cuando cometan un error, evita decirles, "Nunca confiaré en ti otra vez," ya que esto solo puede dañar la relación y potencialmente eliminar cualquier deseo de enmendar. Además, ayuda a tus hijos a rectificar, disculparse, y volver a desarrollar la confianza en la relación. El perdón es tan importante como la disciplina.

4. No Des Sermones a tu Preadolescente/Adolescente. En Cambio, Conversen.

A menudo escucho a madres y padres decir: "Mi adolescente no quiere hablar conmigo." Pero francamente, es más como "Mi adolescente no quiere escucharme." El tango es de dos. Del mismo modo, se requieren al menos dos personas para conversar (aunque a algunos de nosotros no nos importe hablar con nosotros mismos).

Hay una diferencia entre tener una conversación y dar un sermón. ¿Recuerdas cuando eras una adolescente y tus padres te daban sermones sobre qué tan malo era tu novio y cómo arruinaría tu vida? Hablaban sin parar acerca de tu salvaje novio. Lo sacaban a colación (¡y te recordaban cuánto lo odiaban!) cada vez que podían—incluso cuando la conversación inicialmente era sobre lo molesto que fue el tío Bill en la cena de anoche. Apuesto que dejabas de escucharlos y probablemente te decías, "¡No me importa lo que piensen!" No dejes que esto le pase a tu preadolescente o adolescente.

Si tienes el hábito de dar sermones, no te sorprendas cuando tu preadolescente o adolescente deje de escuchar. Te animo a resistir la tentación de hablarles *a* ellos. En cambio, habla *con* ellos y sé consciente durante la conversación. Asegúrate de que sea una conversación bilateral. Haz preguntas y, como dije antes, escucha.

Déjame ser clara antes de continuar. Hay situaciones en las que tenemos que corregir a nuestro hija o hijo inmediatamente. Digamos, tu familia está cenando y tu hija de 5 años accidentalmente derrama el vaso de agua de tu hijo adolescente en la mesa.

Inmediatamente, tu hijo le grita, "¡Te odio! No puedo esperar hasta el día en que desaparezcas de la tierra y no tenga que verte otra vez." Por supuesto, no puedes ignorar esta conducta. Y basándote en sus duras palabras, corregirlo junto con un recordatorio de los valores y creencias de tu familia está a lugar.

No deberíamos inclinarnos a dar sermones a nuestros hijos cada vez que vienen a nosotros con un problema. Solo porque tu hija de 12 años comparta contigo que le preocupa que su mejor amiga vea pornografía en internet y haga *sexting* con algunos chicos de la escuela no significa que sea el momento adecuado para dar un sermón a tu hija sobre los peligros del *sexting* y la pornografía sacando datos extensos que prueben por qué debería alejarse de esos demonios.

Quizás, lo que tu hija necesita en este momento es algún consejo para ayudar a su amiga a superar este problema. "Cariño, significa mucho para mí que compartas el problema de tu mejor amiga conmigo. Hablemos de cómo puedes ayudarla a dejar de mirar pornografía y hacer *sexting*."

Para Concluir...

La verdad es que siempre habrá altos y bajos en una relación. A veces, pequeñas decepciones pueden resultar en vínculos más saludables. Te animo a ti y a tu hija o hijo a estar dispuestos a intentarlo una y otra vez y a no rendirse mientras ambos trabajan en recuperar la confianza del otro. Y, sobre todas las cosas, adopta una escucha intencional y tómate tu tiempo antes de hacer juicios y suposiciones.

Adoptar una Escucha Intencional

Muchos preadolescentes y adolescentes se quejan de que sus padres no les dan oportunidad de hablar. Dicen que los padres a menudo saltan rápidamente a conclusiones y pierden los estribos instantáneamente. Y, sabes, la mayoría de las veces tienen razón. Francamente, algunas mamás son más pacientes y tolerantes que otras. Una vez, estaba con mi hijo en el consultorio del doctor, esperando que lo vieran. Cuando nos ubicamos en nuestros asientos en la sala de espera, una mamá entró con su hija adolescente. Después de que se registraron, se sentaron a una silla de nosotros. Como estaban tan cerca, pude oír su conversación.

La hija, con ojos llorosos, le contaba a su mamá que mientras tomaba un examen en la computadora, su amiga le envió las respuestas a algunas de las preguntas. La hija fue honesta y le dijo a su madre que copió algunas respuestas y lo mal que se sintió por hacerlo. La mamá la abrazó, le agradeció su honestidad y le dijo que, cuando llegaran a casa, pensaría en una forma de manejar la situación y arreglar las cosas.

No todas las mamás reaccionan como esa. Algunas tienden a ser más impulsivas y a juzgar que otras. Y, cuando pedimos una explicación, al momento en que nuestro hija o hijo abre la boca para dar su declaración, ya lo hemos bombardeado con acusaciones, asunciones, y una lista de ofensas anteriores. Lo sé, he estado ahí—suspiro. A los preadolescentes y adolescentes realmente no les gusta cuando asumimos cosas de ellos que no son ciertas.

¿Las conversaciones entre tú y tu preadolescente o adolescente son algo así?

Mamá - "¿Por qué no lavaste los platos hoy después de la cena?"
Hija - <Suspiro>
Mamá - "Sé lo que has estado haciendo. No nací ayer, señorita. Por los últimos 13 años te estado diciendo, *todos* los días, que tienes que lavar tus platos. Pero no, *nunca* escuchas. *Siempre* estás en las nebulosas o en tu teléfono. Estoy cansada de decirte esto *cada* día. Después de todos estos años, sigues haciendo lo mismo. ¿Algún día aprenderás la lección?"
Hija - <Mira a mamá y respira profundamente.>

No hace falta decirlo, investigaciones han mostrado que escuchar los pensamientos, sentimientos, preocupaciones, ideas, perspectivas, experiencias e intereses de tu preadolescente o adolescente mejora significativamente la relación entre padres e hijos[10].

Si escuchar deliberadamente es fundamental para una relación más fuerte y saludable con nuestro preadolescente o adolescente, ¿por qué es tan desafiante? De acuerdo con el Diccionario Merriam-Webster, ser deliberado significa estar determinado a actuar de cierta manera.[11]. Escuchar deliberada o intencionalmente es tan simple como concentrarse en la conversación, estar presente y escuchar cuidadosamente lo que tu hija o hijo tiene que decir sin interrumpirle. Si tu preadolescente o adolescente es parecido a los míos, a veces necesitas clarificación.

> ESCUCHAR DELIBERADA O INTENCIONALMENTE ES TAN SIMPLE COMO CONCENTRARSE EN LA CONVERSACIÓN, ESTAR PRESENTE Y ESCUCHAR CUIDADOSAMENTE LO QUE TU HIJA O HIJO TIENE QUE DECIR SIN INTERRUMPIRLE.

Si tienes una pregunta o necesitas clarificación, no te lo guardes. Si te abstienes de preguntar o clarificar, lo que puede pasar es que termines asumiendo cosas de una conclusión a la que llegaste sin clarificar primero. Espera hasta que terminen o interrumpe educadamente para obtener clarificación.

Los preadolescente o adolescente quieren que se les tome en serio, especialmente sus padres. Escucha su punto de vista, incluso si es difícil oír lo que tengan que decir. Es cuando pueden contar contigo para compartir sus errores sin temer ser regañados o juzgados que la relación pasa al siguiente nivel. Déjalos completar sus pensamientos antes de responder.

Una cosa que encuentro bastante útil es repetir lo que les oíste decir para asegurar que lo entendiste correctamente. "Déjame asegurarme de entender lo que estás diciendo. Oigo que dices... ¿Es correcto?"

Estos son seis tips que puedes considerar al adoptar la escucha intencional en tu estilo de crianza:

1. Deja que tu preadolescente o adolescente cuente toda la historia antes de intervenir o tomar partido.
2. Cuando hagas una pregunta, has silencio y escucha. No interrumpas o hables sobre tu hija o hijo. Déjale hablar. Cuando escuchamos, damos ejemplo de habilidades básicas de comunicación y mostrar respeto a nuestro hija o hijo. Le creas o no, no le interrumpas o regañes. En cambio, habla con él o ella.
3. Evita usar palabras como *nunca, siempre, y todos*. Lo más probable es que lo que digas no sea acertado. ¿Siempre puedes ser feliz? ¿Puedes nunca estar afligido? Estas palabras tienden a implicar extremos, tuercen las cosas, y pueden potencialmente crear tensión y falta de confianza entre tú y tu hija o hijo.
4. No trates de excusar, magnificar, minimizar o arreglar la situación inmediatamente.
5. Haz una lluvia de ideas de soluciones y posibilidades. Ten en mente que el hecho de que estés escuchando no significa que estés de acuerdo con él o ella.
6. Si lo que asumiste era incorrecto, discúlpate con tu preadolescente o adolescente. Esto muestra carácter mientras da ejemplo de buenos modales. He encontrado que cuando me disculpo con mis hijos, ¡su respeto y admiración hacia mí se fortalece!

Como mencioné brevemente arriba, asumir y juzgar puede potencialmente dañar o destruir la relación entre tú y tus hijos. Cuando muestras una actitud conflictiva y prejuiciosa sobre las malas decisiones y conductas que tu preadolescente o adolescente muestra, inmediatamente dejarán de prestarte atención. Los preadolescentes y adolescentes son muy sensibles ante este tipo de actitudes. Por mucho que lo intentes, no puedes ocultar tus prejuicios, sin importar qué tan aparentemente sutiles puedan ser.

Estos son cinco tips para mantenerte sintonizada contigo misma y evitar pensamientos prejuiciosos:

1. Presta atención a tu lenguaje corporal y tono de voz.

2. Anima a tu hija o hijo a hablar abiertamente. Para que esto pase, querrás tener la menta abierta, guardarte tus opiniones hasta que haya terminado, y evitar declaraciones prejuiciosas ("No puedes siquiera controlarte— ¿verdad?") o culpar ("Siempre tomas malas decisiones").

3. Sé empática. Ponte en los zapatos de tu hija o hijo. Recuerda, ayer fuiste una adolescente también. Hasta cuando no necesariamente estés de acuerdo, comunica que le estás escuchando y entiendes por lo que está pasando.

4. Corrige la conducta, aborda el problema y haz sugerencias cuando sea necesario de una forma amorosa y compasiva.

5. Recuerda a tu hija o hijo que le amas y aprecias su honestidad y confianza a pesar del incidente o elección particular que haya tomado.

Para Concluir...

La comunicación abierta y la escucha intencional no siempre llegan naturalmente. ¡Toma trabajo! Mamá, ten en mente que si estás adoptando una nueva manera de hacer las cosas, tomará tiempo para que funcione. Al principio, puede sentirse un poco incómodo. No lo fuerces. En cambio, sé paciente contigo misma, persistente, y sensible a su reacción. Recuerda, ¡las mamás no se rinden!

"Mis hijos le llaman "gritar" a cuando elevo mi voz. Yo lo llamo Charla Motivacional del oyente selectivo."

—AUTOR DESCONOCIDO

3
DISCIPLINA SALUDABLE: MÁS ALLÁ DE QUITAR Y CASTIGAR

"No te permitas preocuparte tanto por criar a un buen hijo que se te olvide que ya tienes uno."

—GLENNON MELTON

Como mamás, conocemos el valor de impartir disciplina a nuestros hijos. Al final del día, queremos criar a un joven con carácter, autocontrol, autodisciplina y respeto. Por años, los padres han confiado en quitar cosas y castigar como formas de disciplina. Otros usan las nalgadas en su intento de parar conductas no deseadas.

Aunque he conocido un pequeño número de padres convencidos de estas técnicas, muchas mamás han expresado su frustración con quitar cosas y castigar, especialmente cuando se trata de disciplinar a su preadolescente o adolescente. Incluso si este tipo de disciplina funcionó durante los primeros años, los padres que dependen del castigo para controla a sus hijos entienden que algo tiene que cambiar ahora que son mayores.

Cuando nuestro hijo estaba en preescolar, usaba castigos y nalgadas muy esporádicamente. Como era tan raro, reaccionaba cuando lo hacía. Por supuesto, las pocas ocasiones en las que recibió nalgadas fueron por la misma razón—me faltó el respeto descaradamente en público. Aunque fue castigado por esta mala conducta, repitió la misma conducta posteriormente.

> En cambio, tenía que enseñarle la conducta que deseaba ver en él y ayudarle a entender por qué esta conducta es mejor que la conducta no deseada.

¿Por qué este niño repite la misma conducta después de ser castigado? ¿Le gusta el castigo? Me pregunté. Es ahí cuando entendí que el solo castigo no era la respuesta. No tenía que decirle que parara la mala conducta. En cambio, tenía que enseñarle la conducta que deseaba ver en él y ayudarle a entender por qué esta conducta es mejor que la conducta no deseada. Desde entonces, he estado evitando la disciplina punitiva con mis dos hijos. No he usado más nalgadas (¡nuestra hija tuvo suerte!), y no castigamos a nuestros hijos. Sin embargo, establecemos límites, les damos expectativas claras, enseñamos y damos ejemplos de la conducta deseada y fomentamos una zona segura donde pueden compartir sus éxitos y errores sin miedo. Sí, también creemos en las consecuencias.

No estoy aquí para juzgar o evaluar la forma en la que imparte disciplina. Mi meta es compartir contigo las opciones de disciplina que han funcionado para mí y otros padres con los que he trabajado. Tal vez quieras modificar o ajustar la forma en la que imparte disciplina después de leer este capítulo. Cambios pequeños pueden dar tremendos resultados. Verás, cuando quitas cosas o castigas a tu hijo apartándolo del resto del mundo, a menudo esto no cambia o corrige la conducta no deseada. Francamente, crea ira y resentimiento contra ti.

Si estás enfrentando este desafío ahora con tu hija o hijo, no hay necesidad de sentirse derrotada. Tómate tu tiempo mientras lees este capítulo y revisa los ejercicios que se encuentran en el cuaderno de trabajo que acompaña a este libro. Date tiempo para reflexionar sobre tus respuestas y decidir qué es lo mejor para tu familia.

Establecer Límites y Expectativas Claros

La mayoría de preadolescentes y adolescentes tienen un deseo interno de impresionar a sus padres y ganar su aprobación. Aman cuando los animas y motivas, incluso si no lo muestran o dicen. También prosperan con límites y expectativas claras. Mientras más claros seamos con nuestro hija o hijo, menos espacio habrá para la tensión y la confusión.

Pensemos en esto por un momento. Digamos que estás comenzando un trabajo nuevo. Es tu primer día en el trabajo y tu supervisor te da una cálida bienvenida. Te da un tour por el edificio y finalmente te lleva a tu nueva oficina. Mientras se aleja, te dice, "¡Buena suerte! Estás por tu cuenta".

Aunque estás impresionada con tu nueva oficina, tu nivel de ansiedad se eleva rápidamente. No tienes idea de las expectativas, límites, lo que es aceptable y lo que no. De repente, tu emoción se convierte en estrés y ansiedad masivos. Ahora, caminas de puntillas esperando no arruinarlo y ser despedida por hacer algo que no sabías que no debías hacer.

Nuestros hijos pasan por los mismos sentimientos, pensamientos y luchas internas cuando no somos claros con nuestras expectativas y límites.

"Mi mamá nunca me ha dicho que no puedo ver películas censuradas o de clasificación R".

"Ni siquiera sé qué piensa mi madre sobre que yo mire porno."

"Me quedo despierto hasta tarde jugando videojuegos todas las noches. Mi mamá no dice nada."

"Voy a la cama cuando yo quiero. Mi mamá no me ha dicho que tengo una hora para ir a la cama".

Antes de que esperemos que cualquier forma de disciplina funcione, tenemos que tener una base sólida comunicando expectativas claras y estableciendo límites saludables. Una vez que comunicas tus expectativas y límites, comparte con tu preadolescente o adolescente las razones por las que los pones. Si caes como un martillo o reclamas tu trono con puño de hierro, puedes contar con una rebelión.

Tu hija o hijo cuestionará tus decisiones y posiblemente las desafiará. Debería haber una razón o propósito detrás de tus decisiones. Sea inculcar buenos hábitos, evitar un fracaso, desarrollar carácter o enseñar responsabilidad, es importante que seas clara y digas tus intenciones a tu hija o hijo. Al final del día, querrás que tu hija o hijo te sigan, no que te teman, desafíen o resientan.

Hasta cuando compartas tus razones con tu hija o hijo, no te sorprendas si cuestionan tus motivos. Hasta que crean que es lo correcto, probablemente pensarán que has sido injusta. Antes de llegar a ese punto, es importante que establezcas límites y definas expectativas primero.

¿Qué conductas son aceptables e inaceptables? ¿Qué expectativas tienes para tu hija o hijo? ¿Qué es permitido y no permitido? ¿Qué circunstancias están abiertas para negociación y cuáles no? Asegúrate de tomarte el tiempo para hacer saber tus expectativas a tu preadolescente o adolescente, incluyendo lo no negociable.

> LA INCONSISTENCIA ES EL PRINCIPAL ASESINO DE LOS LÍMITES Y EXPECTATIVAS.

La inconsistencia es el principal asesino de los límites y expectativas. Mi esposo y yo somos un equipo y nos aseguramos de ser consistentes al hacer cumplir límites y expectativas con nuestros hijos. Créeme, no era así hace algunos años.

Una noche lluviosa, cuando nuestro hijo tenía casi 6 años y nuestra hija 4, mi esposo y yo estábamos relajados en la sala de estar. La lluvia comenzó a caer de repente y a hacer mucho ruido. Ambos niños bajaron las escaleras y se pararon frente a mi esposo viéndose bastante asustados.

Dije, "¿Por qué no se sientan junto a mí?"

Mi hijo respondió: "No, porque eres mala. Quiero sentarme junto a papá. Él es bueno".

Eso me dolió e impactó mucho, como podrás imaginar. Le di a mi esposo 'la mirada' (¡estoy segura de que sabes de lo que hablo!) y dije: "¡Tenemos que hablar!"

Por supuesto, esto pasó pocos minutos después de que yo había subido y les dije a ambos niños que no salieran de sus cuartos hasta que hubieran terminado de guardar sus juguetes.

Mi esposo y yo tuvimos una larga conversación sobre la consistencia en la disciplina. Verás, él es un padre extremadamente paciente, calmado y amoroso. Mi hada madrina no me otorgó esos dones. Su nivel de tolerancia es significativamente mayor al mío. Así que, por un tiempo, fui la principal disciplinaria de la casa. Tomó esfuerzo y algunas conversaciones, pero ahora somos bastante consistentes. Él sigue siendo calmado y paciente y yo sigo siendo impaciente. De todas formas, estamos trabajando en ello.

La disciplina se trata de enseñar conductas apropiadas y modificar o cambiar conductas no deseadas para que tu hija o hijo pueda volverse un miembro productivo, saludable y útil de la sociedad. También se trata de establecer límites y enseñar a tu hija o hijo a vivir dentro de esos límites.

Cuando, como padres, impartimos disciplina inconsistente a nuestros hijos, enviamos mensajes mixtos y confundimos a nuestros hijos. Si le dices a tu hija que pueda usar el teléfono hasta las 9:30 pm y su padre la deja permanecer en el teléfono hasta la media noche, ¿por qué respetaría tus límites? Después de todo, ella sabe que su padre la apoyará.

Ambos padres deben establecer límites y expectativas y hacerlos cumplir juntos. Te animo a sentarte con el padre de tus hijos o tu pareja para tener una conversación seria sobre este asunto. Si este es un tópico delicado en tu relación, ten tacto. Introdúcelo durante un tiempo en que tu pareja no esté bajo mucho estrés y comienza la conversación expresando tu deseo de agruparse y trabajar juntos para el beneficio de tus hijos.

Si tu hijo vive entre dos casas, sé que puede ser desafiante proveer expectativas y límites consistentes. La verdad es que no puedes controlar lo que se permite y no se permite en la casa de su papá. Pero ciertamente puedes controlar lo que se permite y no se permite en tu casa. Si tu hija o hijo reciben diferentes mensajes en casa de su papá, es importante que converses con ellos y permanezcas consistente. Sé clara sobre cuáles son los límites cuando están contigo y que esperas que los respeten.

Sé que esta es una situación complicada para ti y tu preadolescente o adolescente. Sin embargo, si permaneces consistente y clara sobre por qué tienes esos límites y expectativas, aprenderán ajustarse. Al crecer, ellos decidirán qué es lo mejor para ellos.

Recuerda, ¡las mamás no se rinden!

A estas alturas, probablemente te preguntas por qué no he mencionado nada sobre reglas. Bueno, no usamos la palabras reglas en nuestra casa. Establecemos límites y tenemos expectativas.

Cuando pensamos en reglas, pensamos en dictadura—alguien diciéndonos qué hacer sin nuestra opinión o consideración. En consecuencia, nos sentimos irritados, posiblemente rebeldes y tentados a romperlas. Raramente conocerás a un preadolescente o adolescente que diga, "Amo las reglas. Mi meta en la vida es seguirlas".

Sin embargo, cuando usamos la palabra expectativa, crea un sentido de responsabilidad y pertenencia. También enviamos el mensaje, "¡Sé que puedes manejar esto!" Es un juego mental. Te animo a que lo uses a tu favor.

Para Concluir...

Hasta cuando establecemos expectativas y límites claros, nuestros hijos tratarán de manipularnos y salirse con la suya. Por eso es importante ser consistente y clara sobre qué es aceptable y qué no. La mayoría de preadolescentes y adolescentes quieren la aprobación de sus padres, especialmente de su mamá.

Ten una conversación sobre las razones detrás de estos límites y diles que sabes que pueden manejarlos. Provee la motivación y ánimo que tu preadolescente o adolescente necesita para respetar los límites y cumplir las expectativas que tienes de ellos. A medida que tu preadolescente o adolescente comienza a entender los límites y expectativas que pones para ellos, estarán dispuestos a escuchar y más abiertos a tu guía.

Enseñar y Dar Ejemplo de la Conducta Deseada

Por décadas, muchos padres han confiado en las nalgadas, quitar cosas y castigar como métodos de disciplina para sus hijos. Algunos padres juran por estas técnicas diciendo que sus hijos crecieron como adultos saludables. Aunque no estoy aquí para juzgar las elecciones de disciplina de otros padres, creo que podemos criar un hija o hijo saludable, confiable e independiente sin depender solo de disciplina punitiva.

Cuando ejercía, trabajé con algunos preadolescentes y adolescentes inestables y enojados. Curiosamente, la mayoría compartía una cosa en común—los padres usaban disciplina punitiva. Les daban nalgadas y los castigaban cuando estaban creciendo.

Desafortunadamente, esta forma de disciplina no cambió o reemplazó la conducta no deseada. En la mayoría de situaciones, sin embargo, creó odio, hostilidad y resentimiento hacia los padres. Estos jóvenes terminaron requiriendo ayuda profesional para lidiar con la escuela, la casa y la sociedad.

Lo que he notado con el pasar de los años es que castigar o quitar cosas no necesariamente ayuda a tu preadolescente o adolescente a medir la magnitud de la ofensa y sus consecuencias. Ni los ayuda a regular y controlar sus emociones, o cambiar la conducta no deseada. Sin embargo, hacen que tu hijo se sienta miserable y afligido temporalmente mientras los privas de algo que aman.

No obstante, la conducta no deseada persiste después de que termina el castigo. Pagan sus deudas, y dependiendo de qué tan miserables se hayan sentido durante su castigo, decidirán si vale la pena repetirlo o no.

Lo que he entendido es que la disciplina en esta etapa trata más sobre moldear la conducta de tu hija o hijo. Se trata de acordar y establecer límites apropiados para ellos. Te animo a establecer límites y expectativas claras y adherirte a estos. Sugiero que involucres a tu hija o hijo en este proceso. Hay cosas que son negociables y otras cosas que no. Es tu decisión. Francamente, necesitan creer que es lo correcto para ellos.

Ya que no estás dirigiendo un campamento militar, ten en mente que la vida pasa y podrías tener que ser flexible en algún punto. Mientras tu hija o hijo demuestre responsabilidad y confianza, ajusta tus límites y expectativas. Tal vez tu hija haya demostrado que puede manejar toques de queda. Ahora que tiene 18 años, considera extenderlo.

Es importante que te adhieras a tus decisiones tanto como te sea humanamente posible. Comparte tus expectativas con tu hija o hijo y acuerden por adelantado las posibles consecuencias que tendrá que no se cumplan estas expectativas. Sin embargo, no asumas que tu preadolescente o adolescente no pueda manejar estos límites por sí mismo. Ayúdale a comportarse dentro de los límites que establecieron y acordaron.

Cuando yo era una adolescente, en los gloriosos 80s, tenía algunas bandas de rock y pop favoritas. Pero había una cantante que atrapó mi atención por encima de otros—Cyndi Lauper. Algunas de las cosas que amaba de Cyndi eran su espíritu valiente, divertida personalidad, hermosa sonrisa, simplicidad, y sobre todo—sus salvajes y coloridos estilos de cabello.

Oh, por Dios, amaba su cabello y quería demasiado tener el look de Cyndi Lauper. Pero sabía que mis padres se decepcionarían y molestarían mucho si afeitara una parte de mi cabeza.

Habiendo crecido en la familia de un pastor añadió presiones y altas expectativas a mi vida. Sabía que mis padres se molestarían y tal vez se decepcionarían si hubiese escogido el look salvaje de Cyndi. Así que ni me molesté en preguntar a mis padres porque sabía que la respuesta sería un gran no.

Sin importarme las consecuencias previstas, ahorré algo de dinero, salté mi última clase del día y, en camino a casa, paré en un salón de belleza. Le dije a la estilista que me diera el look de Cyndi Lauper. Ya que no había teléfonos celulares entonces, llevé un recorte de revista para mostrarle exactamente lo que quería que le hiciera a mi cabello.

Pensé, "Es más fácil pedir perdón que pedir permiso".

Como podrás imaginar, estaba en el cielo cuando vi mi nuevo corte—hasta que llegué a casa. Pasa de estar en el séptimo cielo a estar castigada por dos semanas. Créeme, ¡el dolor de estar castigada valió la pena!

No me malinterpretes. Tengo unos padres maravillosos y atentos. No obstante hubiese deseado que me dieran la oportunidad de tener una conversación abierta sobre este incidente.

Mientras mis padres compartían conmigo su posición en este asunto, quisiera que se me hubiesen dado la oportunidad de expresar la mía y la razón detrás de mi elección. Quisiera que nos hubiésemos tomado el tiempo de hablar sobre por qué tomé esa decisión sin consultarles o pedirles permiso.

Quisiera que hubiésemos hablado de qué me llevó a desobedecer sus reglas.

¿Aprendí mi lección ese día? ¡No! ¿Me sentí culpable por mi elección? ¡En absoluto! ¿Lucía bien? ¡Absolutamente! Nunca me hice otro corte loco y salvaje después de ese. Pero, francamente, no fue porque estuve castigada por dos semanas, sino porque ya no me interesaba.

Te pregunto esto, ¿tuviste alguna experiencia similar creciendo? ¿Tus padres usaron disciplina punitiva, castigos, o quitaban cosas? En caso afirmativo, ¿hizo eso un impacto positivo en tu vida? ¿Cambiaste tu conducta como resultado de estar castigada?

Si adoptaste estas formas de disciplina como mamá, ¿estás dando a tus hijos las estrategias que necesita para no repetir la conducta no deseada? ¿Están ayudando a ver la necesidad y beneficios de cambiar la conducta no deseada? Si respondes sí a las últimas dos preguntas, tal vez estás en la dirección correcta y estas formas de disciplina podrían estar funcionando para tus hijos. Si la respuesta es no, sigamos hablando de eso.

Cuando nuestro hijo cumplió 13 años, su equipo de fútbol abrió una cuenta de Twitter para comunicarse y recibir actualizaciones sobre las prácticas y juegos del equipo. Aunque reacios, le permitimos abrir una cuenta de Twitter para que pudiera estar en contacto con su equipo de fútbol.

Le dije, "Sé que eres un niño responsable, por lo que estamos de acuerdo con esto. Quiero que tengas mucho cuidado sobre lo que publicas. Ten en mente que una vez publicado, permanece por siempre en la red".

Entonces, revisé todo en cuanto a los peligros de las redes sociales. Después de una semana o dos, mi esposo y yo lo llamamos a la sala de estar. Le pedí que abriera su perfil de Twitter en su teléfono para que pudiéramos mirar sus tuits. Como podrás imaginar, mi pedido lo impactó. Encontré que re-tuiteó un video muy tonto. Como resultado, me molesté por su mala elección.

Mi esposo y yo nos encontrábamos ante dos opciones. La primera opción era borrar la cuenta y quitarle el teléfono por un tiempo. Tal vez castigarlo por algunos días para torturarlo un poquito más. La segunda opción era discutir el asunto y enseñar la conducta deseada.

Escogimos la segunda opción. Hablamos de las razones por las que compartió el video, por qué estaba mal compartir el video, y cuáles eran nuestras expectativas ahora que él estaba consciente de nuestra visión sobre ese tipo de contenido. Para recuperar nuestra confianza, le dijimos que tenía que mostrar que estaba tomando mejores decisiones. Revisamos su teléfono más seguido para poder revisar sus tuits. Los chequeos comenzaron a disminuir a medida que recuperaba nuestra confianza.

No le quitamos su teléfono ni desinstalamos la aplicación porque queríamos que aprendiera a tomar buenas decisiones y practicar el autocontrol. ¿Cómo sería capaz de aprender esas dos lecciones si le quitáramos el teléfono o borráramos la aplicación?

Le recordamos nuestras expectativas y le dimos otra oportunidad. Terminó expresando sus sentimientos de arrepentimiento una vez entendió qué tan tonto fue compartir el contenido que compartió. Hasta hoy, me dice lo culpable que se sintió ese día y lo inmadura que fue esa decisión.

Irónicamente, ya no está en Twitter. Tal vez tú manejarías una situación como esta de forma diferente. Y eso está bien. La conclusión es que tenemos que ayudarles a desarrollar buen juicio y enseñarles a reparar sus errores. Nota que dije enseñarles para que puedan hacerlo ellos mismos. No arregles sus errores por ellos.

> CUANDO DAMOS EJEMPLO DE LA CONDUCTA QUE QUEREMOS VER EN NUESTROS HIJOS, LO TOMAN EN SERIO.

Cuando nos tomamos el tiempo para ayudar a nuestro preadolescente o adolescente a reflexionar sobre cómo su elección de conducta es inaceptable y el valor de hacer enmiendas, les enseñamos habilidades de resolución de problemas, disciplina, integridad, y estándares morales saludables. La clave es no solo enseñar a tu hija o hijo sobre autocontrol y cómo tomar decisiones maduras, sino también dar ejemplo de este tipo de conducta como mamá. Cuando damos ejemplo de la conducta que queremos ver en nuestros hijos, lo toman en serio.

Hace un tiempo, una madre me abordó luego de una de mis charlas de crianza. Me preguntó qué podía hacer para que su hijo adolescente dejara de usar malas palabras. "Siempre dice groserías. Quisiera que dijera una oración sin añadir una mala palabra"—añadió. Compartí con ella algunos tips incluyendo dar ejemplo de la conducta deseada. Respondió, "Diablos, me estás diciendo que debo dejar de maldecir también. ¡Es difícil!"

Eres el modelo a seguir #1 de tus hijos. Es nuestra responsabilidad enseñar y dar ejemplo de la conducta que queremos ver en nuestros hijos. ¿Cómo podemos exigir a nuestro preadolescente o adolescente que se comporte de cierta manera si no nos comportamos de esa manera?

Por esas líneas, no podemos asumir que ya saben cómo cambiar las conductas no deseadas. No subestimo la habilidad de ningún niño. Algunos jóvenes están totalmente conscientes de sus conductas y saben exactamente lo que deben hacer para cambiarlas. Sin embargo, te recomiendo que no asumas que el tuyo ya sabe cómo cambiar o modificar conductas no deseadas. En cambio, describe claramente la conducta deseada, da el ejemplo, y da sugerencias para ayudar a tu hija o hijo a tener éxito.

Digamos que tu hija ignora el toque de queda y llega tarde a casa. ¿Escogerías gritarle y castigarla por una semana o tendrías una conversación con ella sobre cómo cruzó los límites y rompió tu confianza? Podrías entonces discutir por qué cruzar límites es una mala elección y lo que esperas que haga para ganar tu confianza de vuelta. Quieres que reconozca y asuma sus errores pero también desarrolle un deseo de parar la conducta no deseada. Cuando logras esto, le enseñas valores y morales que la llevarán lejos en la vida. Gritar o castigar podría no ser el mejor enfoque para este tipo de enseñanza.

Tal vez te despiertes a las 3:00 am y encuentres a tu hijo de 12 años jugando juegos de video. ¿Lo regañarías o le gritarías enojada y le dirías que no habrá juegos por un mes? ¿O considerarías pedirle que apague la consola, vaya a la cama y que discutan el asunto al siguiente día cuando estés menos enojada?

En la conversación, dile por qué está cruzando límites jugando juegos de video en medio de la noche (siempre que se la haya dicho antes que esta conducta no es aceptable), por qué no puede repetir esta conducta y dile claramente lo que requerirá ganar tu confianza otra vez.

Desafortunadamente, si esta es tu situación, podrías tener que programar tu alarma esporádicamente en medio de la noche para asegurarte de que ya no se esté levantando para jugar juegos de video. Si la videoconsola está en el cuarto de tu hijo, considera pasarla a un espacio común de la casa. Aunque tener pantallas en los cuartos de los niños es un asunto del que ciertamente puedo pasar mucho tiempo escribiendo, para simplificarlo, considera quitar las pantallas de los dormitorios de tus hijos. Todas las pantallas deberían estar en lugares comunes de la casa.

Para Concluir...

Aunque las nalgadas, quitar cosas y castigar se han usado como formas de disciplinar niños durante años, creo que cuando tenemos una conexión saludable con nuestro preadolescente o adolescente, la comunicación clara y el ejemplo pueden ciertamente cambiar o modificar conductas no deseadas. La próxima vez que tu hija o hijo cruce un límite o te desobedezca, trata de corregir la conducta discutiendo las razones detrás de esta mala elección, ayúdale a tomar decisiones más apropiadas, y anímalo a disculparse de ser necesario.

Abstente de arreglar sus errores. Es su responsabilidad enmendarlos. Al final del día, queremos que nuestro preadolescente o adolescente tome buenas decisiones y practique el autocontrol. Mientras navegaba en Internet un día, me encontré con esta cita: "No les grites a tus hijos. En cambio, inclínate y susurra. Da mucho más miedo". ¡Quisiera conocer al autor!

Fomentar una Zona Segura

Si queremos permanecer conectados o reconectarnos con nuestro preadolescente o adolescente, tenemos que fomentar una zona segura en la que sepan que pueden hablar libremente sin preocuparse de que serán castigados automaticamente. En su libro, *Peaceful Parent, Happy Kids: Cómo Dejar de Gritar y Comenzar a Conectarte,* la Dra. Markham sugiere que cuando a nuestro hija o hijo le preocupa que te molestes con él o ella, pasará a una respuesta de pelear, huir o congelarse como su mecanismo de defensa[12]. En otras palabras, nuestros hijos pueden leer nuestras emociones y predecir nuestras reacciones.

Si saben que te molestarás de inmediato sin escuchar primero, no van a sentirse cómodos compartiendo asuntos personales contigo. Podrían hasta mentir para evitar una gran discusión o castigo. Como compartí en mi historia sobre mi loco corte de cabello anteriormente, siempre hay una razón detrás de nuestras elecciones. Aunque podría ser una razón suficientemente buena o no para ti, en los ojos de tu hija o hijo, es una razón.

Al conectarte con tu preadolescente o adolescente, ten en mente que tienes que crear un ambiente seguro para que pueda abrirse a tu guía. Ten en mente que las conversaciones no solo deben ser sobre malas elecciones. A veces, podría necesitar ayuda sobre cómo lidiar con un asunto personal, cómo tomar una sabia decisión, o cómo ayudar a un amigo en necesidad. Permíteme compartir contigo seis tips para fomentar una zona segura.

1. Como compartí en el capítulo 2, es importante escuchar. Al comenzar a escuchar atentamente a tu hija o hijo, será más receptivo a ti y tu orientación.

2. No interrumpas a menos que sea para clarificar algo.

3. Permanece calmada, evita reaccionar, juzgar o saltar instantáneamente a conclusiones. Déjalos compartir el incidente antes de saltar a alguna conclusión.

4. Resiste el impulso de invalidar la opinión de tu preadolescente o adolescente o minimizar su punto de vista. Hazles saber que estás interesada en lo que tengan que decir.

5. No trates de controlar la conversación. En cambio, enseña a tu hijo a identificar y explorar sus opciones antes de tomar una decisión.

6. Finalmente, discute cualquier consecuencia y provee opciones cuando sea apropiado. "Jan, escogiste quedarte despierta para ver el programa. Ahora, estás muy cansada, tienes sueño y quieres ir a la cama. Sin embargo, no has lavado los platos y es tu turno esta noche. Puedes lavar los platos antes de ir a la cama o despertarte 20 minutos más temprano para terminar esa tarea antes de ir a la escuela".

Al buscar conversaciones más íntimas con tu preadolescente o adolescente, ten en mente que podría tomar algo de tiempo ganar su confianza y que se sientan seguros. Cuando se sientan seguros para compartir contigo lo que han hecho y les des la oportunidad de expresar por qué lo hicieron, podrás hacer una lluvia de ideas para abordar el asunto adecuadamente y prevenir la conducta no deseada en el futuro.

Por supuesto, hay situaciones en las que una consecuencia desagradable resultará de una mala elección. Sin embargo, el punto que hago es que no queremos que nuestros hijos no compartan asuntos personales o íntimos con nosotros porque nos temen o saben que haremos su vida miserable como resultado de compartir. Queremos que sepan que pueden contar con nosotros, sea para celebrar éxitos o resolver problemas, y que puede haber consecuencias como resultado de malas elecciones.

Para Concluir...

Contrario a la opinión popular, tu preadolescente o adolescente no es indiferente ante tu intervención. La verdad es que ellos quieren que te involucres en sus vidas y anhelan tu apoyo. Es importante que fomentemos una zona segura donde nuestros hijos puedan hablar sobre sus obstáculos y errores de la misma forma de la que hablan de sus éxitos sin preocuparse porque serán castigados por defecto.

Al final del día, tú y yo queremos que nuestros hijos desarrollen disciplina interna y morales saludables. Queremos que tengan la habilidad de tomar las decisiones correctas y hagan lo correcto sin importar lo que hagan sus amigos. Necesitan nuestra orientación para llegar ahí y necesitamos fomentar un ambiente seguro que permita conversaciones honestas, verdaderas y difíciles entre tú y tu hija o hijo.

"Después de todo este tiempo como padre, creo que me dedicaré a negociar rehenes. Parece menos estresante"

—AUTOR DESCONOCIDO

4
AYUDAR A TU PREADOLESCENTE/ ADOLESCENTE A SUPERAR MONTAÑAS RUSAS EMOCIONALES

"No tienes que convertir a tus hijos en personas maravillosas. Solo tienes que recordarles que son personas maravillosas. Si haces esto consistentemente desde el día en que nacen lo creerán fácilmente"

—WILLIAM MARTIN

Mientras escribo este libro, nuestra hija de 12 años comienza a mostrar los síntomas de la etapa uno de lo que llamo el "Síndrome del Armagedón Emocional" o SAE. Un minuto, me bombardea con abrazos y besos, diciéndome cuánto me ama. Una fracción de segundo después, se molesta porque le recordé lavar los platos.

Por amor de Dios, recientemente terminamos con nuestro hijo adolescente. ¿No puede una mamá pedir un descanso?

Al entrar en los años pre-adolescentes, los niños comienzan a experimentar cambios físicos, emocionales y sociales. La mayoría de las madres comienzan a notar estos impredecibles y, a veces, intensos cambios de ánimo y a menudo no se encuentran preparados para lidiar con estos cambios adecuadamente.

Cuando los preadolescentes y adolescentes comienzan su búsqueda de identidad, independencia y relaciones más profundas, experimentan desafíos que, de no abordarse, pueden afectar permanentemente su bienestar emocional y hacer las vidas de aquellos que los rodean—digamos, miserables.

En este capítulo, cubro tres etapas del SAE. Estas son: Etapa Uno: El Periodo de Cambios de Humor, Etapa Dos: La Búsqueda de Identidad, y la Etapa Tres: El Hambre de Relaciones más Profundas.

También doy algunos tips para ayudarte a guiar y apoyar a tu hija o hijo durante este intenso viaje para que aprendan a enfrentar las montañas rusas emocionales de una forma más saludable.

¿Te gusta este plan? ¡Bien, comencemos!

Etapa 1. El Periodo de Cambios de Humor

Déjame describirte la escena. Érase una vez una preciosa princesa y un príncipe que amaban correr por las praderas. Eran los gemelos más dulces, buenos, amables y respetuosos de esa tierra.

Mientras crecían, se les dijo que nunca cruzaran al bosque encantado. Ahí vivía la reina malvada que amaba destruir cosas hermosas. En su 12do cumpleaños, los gemelos decidieron hacer algo especial para la ocasión. Atravesaron la pradera y cruzaron al bosque encantado donde la reina malvada los esperaba ansiosamente.

Tan pronto como cruzaron, la reina malvada lanzó un hechizo de cambio de humor sobre los gemelos. Ella reía y celebraba su venganza contra el rey y la reina de esa tierra. Inmediatamente, ambos niños perdieron su bondad, amor y respeto hacia sus padres—el rey y la reina. Se volvieron seres despiadados que creían que podían hacer y decir lo que quisieran. Con el pasar de los días, se volvieron más irrespetuosos y sus sentimientos de creerse con derecho a todo se fortalecieron. Como podrás imaginar, la familia pasaba por tiempos turbulentos y se sentía infeliz. Llegó el día en que los gemelos se volvieron adultos y finalmente todos vivieron felices para siempre.

¿Suena familiar esta historia? ¿Tu preciosa princesa o príncipe se está volviendo una persona diferente ahora que alcanza sus años preadolescentes o adolescentes? ¡No estás sola! A la mayoría de los niños les cuesta enfrentar sus años de pubertad. No saben qué hacer con eso. Si recuerdas, nuestros cuerpos estaban completamente locos y fuera de control cuando nos volvimos adolescentes.

Entre el ciclo menstrual, las hormonas salvajes, el desarrollo físico, el cambio de voz, los nuevos deseos y la curiosidad, la pubertad puede ser desafiante.

Entonces, tienes al adolescente que tiende a exagerar como si su mundo pareciera estar derrumbándose. "Odio la escuela. Todos mis maestros me odian. Nadie quiere ser mi amigo. Todos me insultan en las redes sociales. Quisiera que no hubiera escuela, nunca. ¡Mi vida es un desastre!"

Los preadolescentes y adolescentes pueden ser un poco dramáticos y malhumorados. La buena noticia es que, de acuerdo con investigaciones, los cambios de ánimo durante la adolescencia de hecho son normales, no son necesariamente una razón para preocuparse, y van a pasar[13].

Me pregunto si esos investigadores tendrán preadolescentes o adolescentes en su casa. La clave aquí es ayudarte a ti y a tu preadolescente o adolescente a manejar estos cambios de ánimo de una forma más saludable. Después de todo, queremos que se vuelvan miembros productivos de la sociedad.

Repasemos tres tips para manejar el SAE de tu hija o hijo de una forma más saludable y mantener tu cordura en el camino.

Tip 1. Permanece Calmada

Algo que funcionó bien para nuestro hijo y parece funcionar para nuestra hija es enfocarnos en cómo reaccionar a sus cambios de humor antes de corregir su conducta.

Como recordarás, en capítulos previos hablé del poder de dar ejemplo de la conducta deseada sobre decirles a los niños qué hacer. Lo que mi esposo y yo hemos encontrado es que la mejor manera de abordar los cambios de humor de nuestros hijos es permanecer calmados, en control, y ejercer la paciencia mientras interactuamos con nuestro preadolescente o adolescente malhumorado.

En otras palabras, no lo tomamos como un ataque personal sino que lo vemos como que tu hija o hijo está luchando con una sobrecarga emocional y carece de los recursos para manejarla apropiadamente.

¿Te sorprende? Si me molesto y comienzo a gritarle a mi hija por estar malhumorada o ser irrespetuosa, ¿adivina qué es lo más probable que haga? Puede sentir la necesidad de elevar su voz para ser oída. Por otra parte, si permanezco en control y muestro empatía hacia ella mientras abordo el problema, probablemente me siga, se calme y sienta que me importa. Tómalo como tu oportunidad de dar el ejemplo de la conducta deseada.

Tip 2. Actúa Inteligentemente

La mayoría de la gente razona mejor cuando está calmada y de buen humor. Si le pides a tu jefa un aumento de salario o una posición más alta en la compañía, ¿lo harías mientras está enojada o lidiando con una situación estresante? ¡Probablemente no! El mismo principio aplica a tu hija o hijo. Cuando ella o él te esté contestando o dándote una demostración completa de SAE, es normalmente porque están molestos, malhumorados, o simplemente quieren que se les deje en paz.

No sugiero ignorar o pretender que la conducta inapropiada nunca sucedió. En cambio, recomiendo que encuentres el momento adecuado para tratar el asunto para que sean receptivos a tu enseñanza.

Cuando quiero discutir un asunto serio con mi preadolescente y adolescente, normalmente lo saco cuando están calmados y dispuestos a escuchar. A menudo, estas conversaciones se dan durante un viaje en auto o cuando están en sus habitaciones relajados escuchando música. Les digo que quisiera hablar con ellos algunos minutos y saco el asunto.

La clave es evitar llegar con una actitud prejuiciosa o saltar a conclusiones sin oír los hechos ya que estas dos cosas probablemente inicien una confrontación que podría resultar en una discusión improductiva. ¡Garantizado!

Tip 3. Establece Expectativas Claras
La mayoría de preadolescentes y adolescentes realmente quieren impresionar a sus padres y ganar su confianza y aprobación. Como mencioné en el capítulo tres, les encanta cuando nos involucramos en sus vidas, pero también necesitan expectativas claras. Tengan una conversación sobre cómo te sientes cuando te respetan y no te contestan en contraste con cuando escogen hacer lo contrario.

Está bien hacerles saber que hirieron tus sentimientos y abordar esas emociones, no obstante, subrayar la conducta deseada debería ser el foco. No queremos que nuestro hijo desarrolle sentimientos de culpa. En cambio, queremos que sean respetuosos y honestos. Además, sé clara sobre tus expectativas. Comienza con algo como esto:

> *"Cariño, ahora que eres mayor, podríamos estar en desacuerdo en algunas cosas. Estar en desacuerdo está bien. Lo que no está bien es contestar o faltarme el respeto cuando lo estás. Espero que, cuando no estés de acuerdo conmigo, me lo hagas saber de una forma respetuosa. En vez de contestarme o gritarme cuando no estemos de acuerdo, podemos esperar a calmarnos para discutirlo."*

Provee la motivación y ánimo que tu preadolescente o adolescente necesita para cumplir las expectativas que tienes para ellos. A medida que tu hija o hijo comienza a entender las expectativas que has puesto para ellos, estarán dispuestos a escuchar y estarán más abiertos a tu orientación[14].

Para Concluir...

Criar un hija o hijo saludable no es fácil. Lo sé, soy la mamá de un preadolescente y una adolescente. Tenemos que tener en mente que somos los modelos a seguir de nuestros hijos. Imitan lo que decimos y hacemos.

Si elevamos nuestras voces durante un desacuerdo, probablemente eleven las suyas en respuesta. Si perdemos la calma y el control, probablemente hagan lo mismo. Se necesitan dos para bailar tango, al igual que se necesitan dos para tener una conversación acalorada. La próxima vez que tu preadolescente o adolescente quiera hacerse el inteligente contigo, te animo a que des un paso atrás, respires profundo y hagas tu mejor esfuerzo para permanecer calmada y en control.

Finalmente, si los cambios de humor de tu hija o hijo se vuelven más intensos en los finales de la adolescencia, está bien buscar ayuda profesional.

Etapa 2: La Búsqueda de Identidad

La identidad es mucho más que un nombre y un apellido. Se trata de cómo nos percibimos a nosotros mismos más que como otros nos perciben. Cuando tu hija o hijo se vuelve preadolescente, comienza a explorar su individualidad e identidad. Entienden que los estilos de moda y de cabello que mamá y papá impusieron en ellos cuando eran menores, no son necesariamente compatibles con las personas en las que se están convirtiendo. Por primera vez en sus vidas, comienzan a preguntarse quiénes son, qué les importa, y cuáles son sus intereses y pasiones.

No subestimemos la intensidad de esta búsqueda. A esta edad, es común que tu preadolescente o adolescente se defina en relación a otros[15]. No solo quieren ser aceptados por sus amistades sino también respetados por ellos. Como resultado, algunos adolescentes podrían llegar muy lejos en sus intentos de ser socialmente aceptados. Algunos experimentan con conductas prohibidas (ejemplo, sexo, drogas, consumo de alcohol), otros se vuelven rebeldes o hacen lo que sea necesario para ganar ese estatus que creen merecer incluso si se trata de abusar de otros o hacerse daño a ellos mismos. Y hay un grupo más pequeño de jóvenes que están tan obsesionados con su apariencia que están dispuestos a tomar medidas extremas como cirugía plástica o limitar su ingesta de alimentos para poder ser aceptados.

Algunos adolescentes podrían incluso probar diferentes identidades basándose en las circunstancias o situación social que enfrenten en el momento. Por ejemplo, pueden comportarse de una forma en casa y de otra completamente diferente cuando estén en la escuela con sus amistades.

Cuando trabajaba en un sistema escolar, una mamá se reunió con mi equipo y yo para revisar los resultados de la evaluación psico-educativa de su hija. En adición al equipo, cuatro de sus maestros se unieron a la reunión. Cada maestro describió a su hija como respetuosa, responsable, atenta, compasiva, y un placer de tener en la clase.

"¿Están seguros de que están hablando de mi hija?" preguntó la madre.

En otra ocasión, una mamá compartió las siguientes palabras durante una reunión donde discutíamos la conducta de su hijo. Al ver el video en el que su hijo fue atrapado abusando de un niño mucho menor durante el receso, ella dijo: "¿Qué? No creo estas acusaciones sobre mi hijo. Nunca he escuchado o lo he visto lastimando a otros niños, mucho menos a uno menor. ¿Están seguros de que es mi hijo y no otro niño? ¡Estoy anonadada con esta noticia!" Claramente era su hijo.

Quizás tu preadolescente o adolescente actualmente está montando la montaña rusa emocional y tú quieres que disfruten el paseo. Si todavía no se han montado, no te preocupes, pronto se subirán. ¡Obtendrás tu parte! Para darte una ventaja sobre otras mamás que no tienen este libro, comparto contigo dos tips poderosos que puedes usar para apoyar a tu hijo durante su búsqueda de identidad y control de sus emociones.

Tip 1. Provee Apoyo Incondicional
Cuando tu preadolescente o adolescente comienza su búsqueda de identidad, es importante que estés presente en su vida, lo orientes y lo apoyes. No se trata de imponer nuestra identidad sobre la suya. En cambio, se trata de dar a tu hija o hijo el espacio que necesita para averiguar quién es sin miedo de ser juzgado o ridiculizado. Durante este viaje, nuestro trabajo es guiarlos gentilmente y apoyarlos en el camino.

> NO SIEMPRE TIENES QUE ESTAR DE ACUERDO CON TU HIJA O HIJO, PERO TE ANIMO A QUE LES MUESTRES AMOR, EMPATÍA Y APOYO.

Esto no es pan comido. La identidad requiere valor, autorreflexión intensa, y experimentación. Al atravesar su búsqueda de identidad, experimentarán alegrías, pero también dolor y decepciones. Durante estos momentos, nosotras las mamás debemos mostrarles nuestro amor y apoyo incondicional. Necesitan saber que estamos aquí para ellos y que pueden contar con nosotros sin importar por lo que estén pasando. No siempre tienes que estar de acuerdo con tu hija o hijo, pero te animo a que les muestres amor, empatía y apoyo.

Tip 2. Valora su Originalidad
Cuando nuestra hija cumplió cinco años, estaba lista y ansiosa para comenzar el Kindergarten. Preguntaba cada día: "Mami, ¿cuántos días faltan para que comience la escuela?" Verás, la cosa es que ella cumplió cinco años en junio y faltaban tres

meses más. Si no hacía algo sobre esto nos esperaba un largo, largo verano. Para dar fin a esta locura, imprimí un calendario para que pudiera tener un conteo visual y marcar cada día hasta el primer día de escuela.

Para su mayor alegría, el primer día de escuela finalmente llegó. Se despertó bastante temprano y se puso la ropa que había escogido la noche anterior. Bajó las escaleras sonriendo como un girasol absorbiendo el sol. Mi esposo y yo bebíamos té y café respectivamente en la mesa. Se paró justo en frente de nosotros y orgullosamente preguntó: "¿Cómo me veo?"

La miramos de arriba abajo. Para nuestra sorpresa, estaba usando zapatos iguales pero de diferentes colores. Entonces, mi esposo le dijo: "Cariño, ¿notaste que estás usando zapatos diferentes? Uno es negro y el otro es plateado."

Ella contestó: "Sí, lo estoy. De ahora en adelante este será mi estilo personal".

¿Su estilo personal? ¿Cómo es que una niña de cinco años inventa su estilo personal el primer día de Kindergarten? Mi esposo y yo nos miramos el uno al otro confundidos.

"¿Te molesta?" Me preguntó.

"No realmente", contesté.

"Si tú estás bien con eso, yo estoy bien con eso", dijo.

"¡Espero no oír de la escuela hoy!" Añadí.

Y así es como nuestra hija comenzó su estilo de zapatos mezclados que aún usa hoy. Cuando tenía 7 años, mi hermana menor le pidió que fuera la niña de las flores en su boda. Como podrás imaginar, nuestra hija estaba más que emocionada de ser la niña de las flores de su tía hasta que mi hermana le dijo: "Dulzura, sabes que tendrás que usar zapatos iguales para mi boda".

Deberías haber visto como su cara de transformó de emoción a decepción, y finalmente a un gran fruncido. Ella ama usar sus zapatos mezclados y esa es una de las tantas cosas que hace única a nuestra hija. Lo veo así, mientras no haga daño, sea inapropiado o contra la ley, anímalos a explorar su originalidad. Sea mezclando zapatos o usando el cabello rosa, está bien dejarlos explorar y averiguar qué los hace únicos.

Explorar diferentes apariencias en su búsqueda de identidad es parte de ser un preadolescente o adolescente. Algunos hasta reemplazan intereses viejos con nuevos. Un joven que jugaba fútbol desde que tenía cinco años, de repente se une al equipo de hockey en primer año de secundaria. Un jugador de softball decide unirse al equipo de danza de su escuela y nunca vuelve a jugar pelota.

Las fluctuaciones en las elecciones y estilos pueden confundir a los padres pero, tengan la garantía, esto es normal. Al final del día, tu preadolescente o adolescente simplemente está descifrando diferentes identidades y qué las hace únicas[16].

Permíteme compartir contigo un plan de juego para ayudar a tu preadolescente o adolescente a explorar y descubrir su unicidad. No hay orden específico para estos tres pasos, pero te animo a jugar de manera inteligente.

1. No entres en pánico por cambios de apariencia o al menos trata de no mostrarlo.
Tu hija o hijo podría (¡o tal vez no!) eventualmente caer en cuenta cuando entienden que su sentido de la moda está un poco errado. Y ese estilo o color inusual de cabello, créeme, lo superará.

Cuando era adolescente, estuve fascinada con usar solo negro. Mis padres se preocuparon un poco por el nuevo y único color que usaba. Algunas veces me preguntaron: "¿Te estás metiendo en cosas góticas?" Hoy en día, todavía uso negro mayoritariamente porque me encanta y no tengo que preocuparme por combinar atuendos. Y no, nunca me han gustado las cosas góticas.

A veces las mamás tendemos a exagerar algo que no es la "norma" temiendo lo que otras personas podrían decir. Te animo a seguir poniendo tu energía en tu hija o hijo y no en lo que otras personas puedan decir.

Tip: Escoge tus batallas, no asumas cosas y mantén estos asuntos en perspectiva.

2. Anima a tu hija o hijo a explorar otros intereses y perseguir lo que resuene con ellos.
Déjame aclarar. No te animo a inscribir a tu preadolescente o adolescente en cuantos deportes o eventos extracurriculares sea posible para que puedan experimentar todo antes de tomar una decisión. Esto contradice a lo que hablamos en el capítulo dos. No irías a un restaurante popular y pedirías muestras de cada entrada que tengan en el menú para decidir qué ordenar. Queremos enseñarles el arte de no sobre-programarse y apartar tiempo de descanso.

Tip: Anímalos a explorar nuevas cosas pero permaneciendo selectivos.

3. Anima a tu hija o hijo a identificar y anotar sus cualidades y fortalezas.
Hay algo acerca de anotar las cosas que las vuelve oficiales. Anima a tu hija o hijo a escribir una lista de sus cualidades y fortalezas. Ayúdalos con este ejercicio ya que no queremos que minimicen quiénes son.

Para algunos, esta podría ser una tarea sencilla, mientras que otros podrían necesitar un poco de aliento y dirección en esta área. Si tienes un hija o hijo que podría tener dificultades con esta tarea, anímalos a preguntar a sus amigos y familiares su opinión. Puedo imaginarlos diciendo: "¡Esto es incómodo!" Si este es el caso, asegúrales que no lo es.

Sugiérele que su amigo más cercano probablemente estaría feliz de precisar sus fortalezas y cualidades. Una vez que tengan algunas, pueden anotarlas en pequeñas notas o diseñar un bonito afiche en su computadora que puede ser impreso o cargado como fondo de pantalla en sus dispositivos. Lo que sea que elijan, deberían mantener su lista de fortalezas y cualidades visibles para que tengan acceso diario a ella.

Tip: Anima a tu hija o hijo a valorar sus fortalezas y cualidades.

Para Concluir...

Al final del día, anhelamos ser aceptados y respetados por otros. Es la naturaleza humana y tu hija o hijo no es diferente. Tiene cualidades, ideas, fortalezas y habilidades únicas. Tal vez aún explora su lugar en el mundo o podría no estar seguro acerca de qué lo hace único.

Tómate el tiempo de alentar y guiarle a través de este proceso. Escoge tus batallas y evita asumir o hacer comentarios prejuiciosos. Se trata de cómo una persona se sienta y se perciba a sí misma. Queremos que nuestros hijos se sientan confiados y dueños de su unicidad.

Etapa 3. El Hambre por Relaciones más Profundas

Aún recuerdo a mis amigos de la escuela media. Permanecimos amigos desde la escuela media hasta la secundaria. Amábamos estar juntos. ¡Oh, cuántas bromas planeamos y ejecutamos juntos! Mi favorita fue cuando se nos ocurrió el plan perfecto de pinchar las llantas del maestro más malo y gruñón de nuestra escuela media. Éramos totalmente traviesos. ¡Estoy de acuerdo! La "buena" noticia es que terminamos saliendo ilesos. Comentario adicional—asegúrate de que tu preadolescente o adolescente no lea esta historia particular. No quiero darle a tu hija o hijo ideas y terminar siendo perseguida por una masa de mamás furiosas.

Realmente quería a mis amigos y amaba pasar tiempo con ellos antes, durante y después de la escuela. No teníamos acceso a Internet en ese entonces, ni hablar de redes sociales o mensajes de texto. Simplemente pasábamos el tiempo y salíamos juntos. Sus opiniones eran importantes para mí y también por lo que estuvieran pasando. Quería tener una relación profunda con mis amigos.

Adelantemos unas cuantas décadas hasta hoy. Hoy en día, los preadolescentes y adolescentes no son diferentes. Aún aman pasar tiempo juntos, valoran las opiniones de sus amigos (¡a veces demasiado!) y anhelan relaciones profundas.

La diferencia es que hoy, la tecnología se mete en su camino. Nuestro hijo e hija realmente valoran las relaciones. Aún son amigos con algunos niños con los que se relacionaron en los años de primaria. Aprecian las conexiones profundas que vienen con la confianza, honestidad e intenciones solidarias.

Años de experiencia nos han enseñado a ti y a mí como una relación puede ser una bendición o una maldición. Cuando se trata de la seguridad de nuestros hijos, podemos oler a un lobo en piel de cordero desde la distancia.

Aunque podemos ser capaces de predecir problemas, nuestros hijos carecen de esta habilidad. Y la mayoría de preadolescentes y adolescentes, por defecto, confían en otros niños que parecen buenos. Mientras trabajaba con preadolescentes y adolescentes y escuchaba las historias de mi hijo y sus amigos, escuchaba historias sobre adolescentes que habían sido influenciados por sus amistades para caer en sexo, drogas y alcohol con el propósito de conseguir aceptación.

Otros comparten sus sentimientos y asuntos personales y terminan volviéndose el chiste de la escuela o la mejor historia en las redes sociales. Sucede a menudo. La realidad es, si nuestros hijos e hijas carecen de las habilidades sociales necesarias para discernir quién es bueno, malo y feo, están en riesgo de caer entre las grietas y terminar en una situación fatal.

Por eso es que tenemos que estar presentes en la vida de nuestro preadolescente o adolescente. Ya que su hambre por relaciones más profundas es tan vital en sus vidas, es importante que los preparemos a través de esta emocionante búsqueda. Déjame compartir contigo dos tips para ayudar a tu hija o hijo a aprender a escoger los amigos correctos.

Tip 1. Enseña a tu hija o hijo lo que conlleva una verdadera amistad.
Habla con tu hija o hijo acerca de las cualidades de un verdadero amigo. Por ejemplo, un verdadero amigo cuidará de ti, no te menospreciará y no compartirá tus asuntos personales

con otros. Anímale a hacer una lista de cualidades que quisiera ver en un amigo. Puede usarla después como herramienta de evaluación cuando comience a tener dudas sobre una relación.

Asegúrate de que entienda que una verdadera amistad es una relación bilateral y no un trato dominante-posesivo. No se trata de dar y tomar sino de dar y recibir.

Tip 2. Evita el impulso de 'atacar' a los amigos que no te emocionen.
Como mamás, no queremos que nuestros hijos tengan relaciones no saludables. Pero a veces, sucede. Si tu hija o hijo tiene un amigo o amiga que no sea una buena influencia en su vida, evita hablar mal o menospreciar a este amigo o amiga. Tu hija o hijo probablemente se ponga a la defensiva y se enoje contigo. Como he compartido antes, cuando tu hija o hijo se pone a la defensiva, probablemente no escuche lo que tienes que decir. Antes de compartir tu opinión sobre este amigo, haz tu tarea profundamente y provee hechos.

Digamos que tu preadolescente llega a casa enojada porque su amiga publicó una mala foto de ella en redes sociales sin preguntarle primero. Esta no es la primera vez que esta amiga publica fotos de tu hija en redes sociales sin preguntar primero. En este momento, necesita empatía de ti, no un sermón sobre qué tan horrible es esta amiga y por qué necesita disolver esta relación de inmediato.

Espera hasta que tu hija se calme y luego saca el asunto. Comienza la conversación con algo como esto: "Cariño, tienes razón de estar molesta con Kelly por publicar fotos tuyas en redes sociales sin preguntarte primero. Yo estaría molesta también. Sé que esta no es la primera vez que hace algo así y te lastima. ¿Recuerdas esa lista que creaste acerca de cualidades que quieres ver en un amigo? ¿Crees que Kelly muestra esas cualidades? ¿Crees que una verdadera amiga te lastimaría una y otra vez?"

Al mostrarle empatía primero, tu hija probablemente escuche y siga tu consejo. Recuérdale que quieres lo mejor para ella y que tenga amigos de verdad. No se trata de la cantidad sino de la calidad. Un amigo asombroso puede hacer un mayor impacto que diez amigos mediocres. Puede tomarle un tiempo a tu hija o hijo entender esta poderosa verdad. Mientras tanto, tienes que estar ahí para ellos.

> AL MOSTRARLE EMPATÍA PRIMERO, TU HIJA PROBABLEMENTE ESCUCHE Y SIGA TU CONSEJO.

Para Concluir...

Desarrollar identidad no pasa de la noche a la mañana. Es un proceso largo que requiere paciencia, empatía y orientación continua de nuestra parte. Aunque nuestro preadolescente o adolescente podría parecer preocupado por qué usar para la escuela mañana, a quién invitar a su próximo cumpleaños, o qué corte o color de cabello deberían usar a continuación, la verdad es que simplemente están explorando quiénes son y quiénes quieren ser. Y experimentar y compartir todas estas emociones fuertes (¡para bien o para mal!) es parte de su viaje.

Seamos deliberadas en dar el ejemplo de conductas y elecciones más saludables para que nuestro hija o hijo aprenda a superar las montañas rusas emocionales que vienen con ser un preadolescente o adolescente. Si un par de canas empiezan a salir aquí o allá en el camino, no te preocupes. ¡Un nuevo color de cabello está a solo una llamada!

"Bienvenido a ser el padre de un adolescente. Prepárate para una larga cantidad de volteadas de ojos, descargas emocionales y pensamientos de escapar. ¡Y eso solo se refiere a los padres!"

—SOMEECARDS

5
AYUDAR A TU PREADOLESCENTE/ ADOLESCENTE A FILTRAR INFLUENCIAS Y PRESIONES EXTERNAS

"No te preocupes porque los niños nunca te escuchen; preocúpate porque siempre te están mirando."

—ROBERT FULHUM

En capítulos previos he hablado sobre cómo la mayoría de preadolescentes y adolescentes son constantemente bombardeados por mensajes contradictorios e imágenes sesgadas de cómo debería verse la imagen corporal, cómo deberían hablar, cómo se define "ser *cool*" y qué tipo de amigos deberían tener para ser considerados populares.

Para complicar más los asuntos para estos niños, las redes sociales, la cultura pop y los medios a menudo glorifican estar pegados a la tecnología y conductas riesgosas como adicciones, sexo, *sexting*, pornografía, fumar, uso de alcohol, juegos y apuestas.

Con tal ataque masivo de los medios y falsos mensajes siendo disparados a nuestros hijos de todos lados, filtrar influencias y presiones externas puede ser complicado para alguien que ha estado vivo por poco más de una década. Ya que tanta confusión emerge, las mamás necesitan estar preparadas para proveer orientación sólida a su preadolescente o adolescente para que pueda tomar las decisiones correctas por sí mismo.

En este capítulo, comparto tres lecciones que te ayudarán a abordar preguntas como, "¿Qué hace a una relación dañina o perjudicial? ¿Cómo puede mi hija o hijo distinguir entre una relación buena y una tóxica? ¿Cómo deberían manejar la presión de grupo? ¿Qué mensajes influyentes deberían recibir? ¿Cómo y cuándo debería tener 'la charla' con mi preadolescente o adolescente?"

¿Estás lista para pasar a estas lecciones? ¡Yo también! Comencemos.

Cuando mi hija estaba en sexto grado, una de sus amigas de repente se volvió hostil con otra amiga. La amiga A menospreciaba e insultaba a la amiga B. Sin embargo, ella no se comportaba así en frente de otros amigas. Un día, después de la escuela, la amiga B, quien había sido menospreciada por la amiga A en varias ocasiones, envió un mensaje de texto a mi hija diciendo; "Sé que no sabes, pero amiga A ha estado siendo muy mala conmigo últimamente. Todo comenzó después de que fui a la casa de otra chica. Me ha estado insultando, diciendo cosas malas de mí y publicando historias de mí en redes sociales".

Mi hija estaba confundida ya que no sabía que amiga A estaba siendo mala con amiga B. Ella iba de vuelta a casa en el autobús cuando recibió el mensaje. Mi hija respondió a amiga B para hacerle saber cuánto lo sentía por esta situación.

Cuando mi hija llegó a casa, inmediatamente le noté su cara triste y perpleja. Sabes de la clase de cara que hablo. Le pregunté si estaba bien y respondió: "De hecho, me siento molesta y triste al mismo tiempo".

Compartió conmigo lo que pasó en la escuela. Le pregunté si pensaba que las acusaciones eran ciertas. Dijo que no estaba segura porque no había presenciado ninguna de esas conductas.

Primero, le agradecí por confiar en mí y luego, hablamos de cómo manejar esta situación de una forma positiva y saludable. Le pregunté qué le gustaría hacer para abordar este asunto y dijo; "Primero, tengo que asegurarme de que sea cierto. Mañana, veré a amiga A durante el almuerzo y hablaré con ella".

El siguiente día, mi hija habló con amiga A durante el almuerzo como planeó. Sin resentimiento, amiga A confesó que era cierto y procedió a compartir por qué se estaba comportando de esa manera con amiga B. Mi hija trató de intervenir, pero amiga A no estaba interesada en cambiar de opinión.

Mi hija ahora enfrentaba un dilema: Una amiga acosaba a otra amiga. Mi hija se ofreció a intervenir entre las dos si amiga A estaba dispuesta a conversar con amiga B. Amiga A rechazó la oferta. Mi hija llegó a casa muy triste. Me dijo lo que pasó y que amiga A no iba a disculparse ni a ceder.

Algunos días y semanas pasaron y amiga A mantuvo la misma actitud. A ese punto, mi hija se encontró en la necesidad de decidir si su amistad con amiga A debería continuar o no.

Después de otra conversación sobre este asunto, decidió disolver su amistad con amiga A. No fue fácil pero sabía que tenía que hacerlo. Ya no se sentaba junto a ella en clases o la llamaba. Invertía menos tiempo y le daba menos atención hasta que la relación se desvaneció.

Cuando le pregunté cuál era la razón para disolver esta amistad de tanto tiempo, dijo: "Amiga A ha cambiado y no necesito su energía negativa en mi vida". (¿Puedes notar que es la hija de su madre? ¡JAJAJA!) Poco tiempo después, amiga A dejó de molestar a amiga B.

Los preadolescentes y adolescentes constantemente enfrentan este tipo de situaciones. Estoy segura de que estarás de acuerdo conmigo en que los amigos son muy importantes para tu preadolescente o adolescente. Pero no todo niño es un buen amigo. ¿Cómo puedes ayudar a tu hija o hijo a manejar la presión de grupo inteligentemente? Enseñándole a filtrar la presión de grupo inteligentemente, lo que me lleva a la lección 1.

Lección 1. Enseña a tu Hija o hijo a Filtrar la Presión de Grupo y los Medios Inteligentemente

Como recordarás de capítulos previos, hablo del valor de ser los modelos a seguir de nuestros hijos. ¿Qué tan confuso sería si esperáramos que nuestros hijos fueran atentos, compasivos y abiertos a otros por quienes son, y nos encontráramos haciendo comentarios estereotípicos? Si queremos que nuestra hija o hijo sea inteligente al filtrar influencias y manejar presiones sociales inteligentemente, debemos dar el ejemplo de esta conducta primero.

Influencias Relacionales
Mientras escribía este libro, recibí un email de una de las lectoras de mi blog de crianza. Decía así:

> *"Querida Dra. Yanina,*
> *Mi hija ha estado pasando mucho tiempo con una niña mala últimamente. No juzgo a las personas, pero he visto cómo trata a mi hija. Leí algunos mensajes de texto de esta chica y constantemente menosprecia a mi hija llamándola barata o gorda. Se lo he dicho a mi hija, y ella defiende a su nueva amiga diciendo que solo bromea. No quiero que lastimen a mi hija. ¿Cómo puedo ayudar a mi hija a encontrar mejores amigos?"*
>
> —Una mamá preocupada

No nos sorprende que la mayoría de preadolescentes y adolescentes amen pasar tiempo con sus amistades. Anhelan relaciones significativas. Y esto es completamente normal. Queremos que se diviertan con otros chicos de su edad. Las buenas amistades llevan a estilos de vida saludables. Los amigos pueden ayudarse los unos a los otros a estimular intereses en géneros musicales, actividades extracurriculares, y hasta académicamente.

Mi hijo realmente disfruta cuando puede estudiar para un examen o hacer tareas con uno de sus amigos. A menudo usa Facetime o Skype para hacer video llamadas para estudiar para un examen o trabajar juntos en su tarea. Créeme, cuando están en video conferencia no todo se trata de estudiar y hacer su tarea. A menudo los escucho riendo y teniendo conversaciones fuera de tópico sobre los últimos lanzamientos de zapatos, el chico loco atrapado con los dedos en la nariz en el vestidor, o ese niño usando un par de Yeezys imitación. Lo importante es que hagan el trabajo. Los niños prosperan cuando están juntos siempre que escojan a sus amigos inteligentemente.

A la mayoría de mamás realmente les importa la calidad de los amigos con los que sus hijos se rodeen. Queremos que sean selectivos y cuidadosos al elegir a sus amigos. Aunque los compañeros pueden apoyar y ser positivos, algunos pueden llevar a nuestros hijos por un camino peligroso. Pueden alentar conductas riesgosas como saltarse la escuela, hacer trampa, o robar, cuanto menos.

De acuerdo con la Academia Americana de Psiquiatría Infantil y Adolescente[17], la mayoría de adolescentes con problemas de abuso de sustancia comienzan a usar drogas o alcohol como resultado de la presión de grupo. Y francamente, a menudo estos niños sucumben ante la presión porque simplemente quieren encajar, caerles bien a otros, y tienen miedo de que se burlen de ellos o los rechacen.

Así que déjame compartir algunos tips para ayudar a tu preadolescente o adolescente a manejar inteligentemente la presión de grupo.

1. Fomenta la comunicación abierta entre tú y tu hija o hijo para que reciba tu consejo. Como refuerzo de este tópico, te invito a releer el capítulo uno.

2. Anima a tu hija o hijo a alejarse de esos niños que los presionan a hacer cosas que parezcan peligrosas o inapropiadas.

3. Empodera a tu hija o hijo a decir "no" cuando sientan que otros los presionan a hacer algo malo o sospechoso. Recuérdales cómo es un verdadero amigo y que un amigo real no los menospreciará o los hará hacer algo que no quieran. Eres bienvenida a revisitar la lista de cualidades de amigos que tu hija o hijo escribió en el capítulo cuatro.

4. Enseña a tu hija o hijo a ser inteligente y selectivo acerca de a quién consideran un amigo. La realidad es que no puedes ser amigo de todos. Les digo a mis hijos que tienen que ser corteses y respetar a otros niños pero no tienen que ser amigos de todos. Se trata de desarrollar un sistema de apoyo saludable y fuerte incluso a su corta edad.

5. Si tu hija o hijo ya tiene un depresor en su círculo íntimo, es hora de dejar ir esta relación como mi hija tuvo que hacer cuando amiga A estaba haciendo daño a amiga B. Estos son algunos pasos para ayudarles en esta transición.

    a. Anima a tu hija o hijo a hablar con este amigo y compartir sus preocupaciones.

Si la conversación se da y su amigo continúa regando energía negativa, sugiere:

> b. Gradualmente reducir el tiempo y atención que le da a esta persona hasta que la relación se desvanezca.
>
> c. Recordarle que no tiene que responder cada mensaje o llamada de esta persona. ¡Es su decisión!

No puedo dejar de hacer hincapié en la importancia de enseñar a tu preadolescente o adolescente a ser selectivo con a quien llamar amigo y desintoxicar su círculo íntimo. Los compañeros son fuertes influencias en la vida de tu hija o hijo y, generalmente, son muy cercanos a ellos. Tu hija o hijo valora su opinión y escucha cuidadosamente a sus comentarios antes de tomar una decisión importante en su vida. Pueden desintoxicar sus relaciones y desarrollar un sistema de apoyo más fuerte y saludable.

Influencia de los Medios
En esta era electrónica, es más fácil acceder a información de todas partes del mundo. Estamos más conectados que nunca. Con solo un clic, tenemos acceso a las últimas tendencias de moda de Nueva York, París, Milán o Berlín. Con tal accesibilidad en la palma de sus manos, los preadolescentes y adolescentes de todo el mundo constantemente atormentan a sus padres para que les compren la próxima cosa de moda— día tras día.

Con anuncios que presentan cuerpos perfectos, relaciones perfectas y expectativas irreales donde sea que miren, los preadolescentes o adolescentes carecen de dirección volviéndose particularmente vulnerables y propensos a experimentar problemas de autoconfianza, identidad, relaciones y salud mental.

Los medios han influenciado a los jóvenes por décadas. Lo ves en programas de televisión, comerciales, películas, carteleras y celebridades—la chica muy flaca usando más maquillaje que ropa y el chico sexy musculoso que enseña sus abdominales. Y, por supuesto, está la popular chica que manipula a todos a su alrededor para obtener lo que quiere y el jugador de fútbol que atrae a tantas chicas como puede como si fueran trofeos.

Pero hay un monstruo que yo no tuve que enfrentar cuando era adolescente. Lleva varios nombres como la web, Internet, o redes sociales. ¿Sabías que los preadolescentes pasan en promedio seis horas al día y los adolescentes pasan en promedio nueve horas al día en las redes?[18] Para completar, más del sesenta y seis por ciento de los niños entre las edades de ocho y once años tienen su propio teléfono celular[19], lo que facilita el acceso a las redes sociales.

El cuarenta y cinco por ciento usan redes sociales y pasan un promedio de 1:11 horas al día involucrados en eso[20]. Como a ti, estas estadísticas me impactaron. ¿Cómo puede ser? ¿Cómo pueden pasar más tiempo los niños enganchados en sus pantallas que aprendiendo en la escuela? Entre la televisión, las tendencias de moda, música y redes sociales, la presión está.

Antes de continuar, quiero clarificar que los medios no son todos malos. Francamente, el conocimiento es poder cuando se combina con la acción. A través de los medios, los jóvenes pueden desarrollar consciencia y saber de lo que pasa en el mundo. Queremos que nuestros hijos sean socialmente responsables. Por lo tanto, la consciencia cultural, social, global y política es también importante para su desarrollo. No solo los inspira a hacer una diferencia, sino que también se vuelven mejores ciudadanos y se interesan por asuntos e injusticias que suceden localmente y alrededor del mundo.

"Bien, Dra. Yanina, me ha dado suficientes estadísticas aburridas e información sobre los peligros de los medios y cómo influencian a mis hijos. ¡Lo entiendo! Vayamos al grano, ¿sí? ¿Qué puedo hacer para ayudar a mis hijos a volverse más inteligentes y tomar decisiones más inteligentes por ellos mismos?"

¡Buena pregunta! Déjame compartir contigo cuatro sugerencias que puedes usar para proveer orientación y apoyo a tu preadolescente o adolescente.

1. Ten conversaciones abiertas continuas sobre los medios y sus mensajes con tu hija o hijo. Al tener estas conversaciones con tus hijos, anímalos a interpretar los mensajes que reciben. Echa un vistazo a los programas que miran. ¿Cómo retratan esos programas a los personajes principales? ¿Cuáles son los mensajes o temas que aparecen constantemente en el programa? ¿Es chisme, envidia, sexualidad, agresión, imagen corporal perfecta, popularidad, etc.? Anima a tu hija o hijo a preguntarse: "¿Por qué me gustan estas personas e historias? ¿Cómo me hacen sentir? ¿Qué valores representa esta persona? ¿Quiero ser como esta persona? ¿Por qué o por qué no?"

Si es una publicidad, pregúntale cómo le hace sentir y si se siente bien con eso. Cuando el momento sea adecuado y sin juzgar, comparte tu opinión sobre cómo estos programas o películas publican mensajes tergiversados y dañinos que pueden potencialmente llevar a sentimientos negativos y baja autoconfianza. Evita discusiones y sé receptiva a la opinión de tu hija o hijo en este asunto.

2. Introduce a tu hija o hijo a modelos positivos a seguir a través de programas de tutoría, grupos comunitarios locales, o la iglesia. A través de nuestra iglesia y nuestra participación en el mundo del arte, hemos conocido a algunos asombrosos adultos jóvenes quienes viven vidas más saludables y con propósito. Algo que hacemos a menudo es invitar a esos individuos a cenar para que puedan compartir sus experiencias y tener conversaciones con nuestros hijos. Nuestro hijo e hija realmente disfrutan cuando hacemos estas cenas y tenemos

conversaciones muy profundas con estos individuos. Ponemos el escenario y dejamos fluir las conversaciones. Normalmente comparten el mismo consejo que compartimos con ellos. La diferencia es que nuestros hijos lo escuchan de alguien más. Independientemente, es bueno cuando otras personas refuerzan lo que has estado diciéndoles a tus hijos por años.

3. Monitorea lo que tus hijos ven o escuchan. Sé que es imposible monitorear cada programa o sitio web que tu hija o hijo ve cada día. Pero, puedes establecer expectativas claras para lo que vean. Vigila qué celebridades sigue tu hija o hijo y qué tipo de personalidad o mensaje transmiten. Averigua quién influencia a tu hija o hijo y, de no ser positivo, inicia una conversación con él o ella. De nuevo, evita declaraciones acusatorias o prejuiciosas. Cuando sea necesario, pide a tus hijos que dejen de mirar ciertos programas o borren música inapropiada de sus listas de reproducción. Empodéralos dejándoles saber que confías en que tomarán decisiones inteligentes sobre la música que escuchan, lo que miran, y a quiénes siguen.

4. Evita las pantallas en las habitaciones de tus hijos. Para esta, pasaré más tiempo que el que pasé en mis primeras tres sugerencias, así que por favor sé tolerante. Te prometo que valdrá la pena. Si tu preadolescente o adolescente tiene una televisión, consola de videojuegos o computadora en su habitación, te animo a que lo reconsideres.

Cuando nuestro hijo tenía 10 años, me preguntó si podía tener un televisor y consola de juegos de video en su habitación ahora que era mayor. *"Todos mis amigos tienen permitido tener su computadora, TV y juegos de video en sus habitaciones, ¿puedo?"* – añadió. No sé si a todos sus amigos se les permitía tener dispositivos electrónicos en sus habitaciones, pero sé que a algunos sí. Por supuesto, él trataba de establecer un punto. Sin pensarlo dos veces, le dije: "No, hijo, las pantallas no están permitidas en tu habitación".

Como podrás imaginar, estaba bastante molesto. Le expliqué mis razones y, aunque no estaba de acuerdo conmigo, eventualmente dejo de pedirlo. Puedes estarte preguntando por qué no permito que mis hijos tengan pantallas en sus dormitorios. Felizmente compartiré contigo cuatro de tantas razones por las que no quiero ir por ese camino con mi preadolescente y adolescente.

Razón #1: Aislamiento
Los jóvenes que tienen pantallas en sus habitaciones permanecen en sus habitaciones. Llegan a casa de la escuela directo a sus dormitorios y se encierran. ¿Por qué molestarse saliendo de sus dormitorios cuando tiene suficiente 'acceso' y entretenimiento ahí para mantenerse ocupados?

Podrían salir a usar el baño de vez en cuando, pero principalmente, estos niños permanecen en sus habitaciones por horas. Participando en actividades online con otros, navegando en Internet o jugando juegos de video, no ven la necesidad de salir de sus habitaciones. Algunos comienzan a comportarse como si vivieran en un resort todo incluido en una isla exótica en el medio del Mar Caribe. Solo salen cuando huelen la cena, y si no prestas atención, incluso se llevan la comida a sus dormitorios.

El peligro de esto es que la comunicación entre tú, tu hija o hijo y otros miembros familiares se ve afectada. Como resultado, la conexión entre tú y tu hija o hijo se comienza a debilitar, y si no tienes cuidado, podría hasta desaparecer. De repente, pasar tiempo con la familia no es tan importante como estar en su cuarto chateando con amigos y viendo videos en Internet.

Razón #2: Acceso Ilimitado sin Censura

Sabemos de los tantos peligros del Internet. Como he mencionado antes, no podemos controlar o monitorear lo que nuestros hijos ven en la web todo el tiempo. Podemos, sin embargo, enseñar a nuestros hijos qué es apropiado y qué es dañino. También podemos hacer menos accesible el contenido inapropiado. Hay algunas maneras de controlar a lo que están expuestos, como aplicaciones y software de control parental. Considera no tener pantallas en las habitaciones de tus hijos en absoluto. En cambio, solo tenlas en áreas comunes de tu casa.

En mi casa, la computadora está en nuestra oficina casera y el único televisor que tenemos que se usa raramente está ubicado en la sala familiar. Si las pantallas están en un área común, tu hija o hijo probablemente tendrá más cuidado con lo que busca y podrás poner un ojo en lo que estén haciendo. Esto te ayudará tanto a monitorear el tiempo que pasan con sus pantallas para que no terminen adictos a la tecnología, lo que me lleva a mi siguiente razón.

Razón #3: Riesgo de Adicción

Probablemente estés consciente de los muchos tipos de adicciones vinculadas a las pantallas. Una que sigue creciendo entre los preadolescentes y adolescentes son los juegos. Hay padres que han compartido conmigo las tristes noticias de que sus jóvenes han jugado videojuegos por unas desconcertantes 10 a 15 horas al día. Estoy segura de que también conoces a algunos.

En vez de participar en el mundo real, estos niños se sumergen en el mundo de fantasía de los juegos. Algunos peligros de esta adicción es que a menudo se aíslan de otros, algunos se identifican con estos personajes ficticios a un nivel patológico, ignoran responsabilidades más importantes y su rendimiento académico comienza a sufrir en consecuencia.

La buena noticia es que nosotras, como madres, podemos establecer límites y enseñar a nuestros jóvenes el autocontrol. Una forma es establecer límites para el uso de pantallas. Algunas ideas incluyen dejarlos usar su computador o mirar la televisión (o usar sus tablets) hasta las 9 pm (o cualquier hora que se ajuste al estilo de vida de tu familia), jugar videojuegos después de las tareas de la casa y la escuela por treinta minutos a una hora (usa un cronómetro), no jugar videojuegos durante noches de escuela, etc. En mi casa, los computadores y dispositivos se apagan a las 9:30 pm a menos que los estén usando para tareas.

Cada familia tiene sus propias dinámicas, y tú conoces mejor a tu familia. Lo que es más importante, somos los ejemplos a seguir de nuestros niños. Tenemos que dar ejemplo de la conducta que queremos ver en ellos. Si damos ejemplo de autocontrol, ellos lo aprenderán.

Razón #4: Problemas de Sueño
Una vez que te duermes, ya no estás consciente de lo que pasa en la habitación de tu hija o hijo. ¿Usan sus pantallas tus hijos hasta tarde en la noche? ¿Se quedan despiertos hasta tarde publicando en redes sociales? ¿Juegan videojuegos a mitad de la noche? Expertos han encontrado que los niños entre las edades de 6 y 19 años que usan medios con pantallas a la hora de dormir carecen de un sueño adecuado y normalmente están más cansados durante el día que aquellos que no[21].

Una razón es la luz azul que estos dispositivos emiten que puede interferir con la melatonina, que induce el sueño. Otra razón es que, como se quedan despiertos hasta tarde, no duermen suficientes horas. Como resultado, se despiertan de mal humor, súper cansados, y les cuesta concentrarse. No te sorprendas y constantemente están malhumorados y tienen dificultades en la escuela porque les cuesta concentrarse y prestar atención en la clase. Probablemente les cuesta permanecer despiertos.

En cuanto a nuestro hijo, me lo pidió de nuevo una vez que cumplió 15 años. Mi respuesta siguió siendo la misma— "No". Como podrás imaginar, no estaba contento. Me lanzó la carta "¡No confías en mí!". Simplemente le recordé que no se trata de confianza. Se trata de adoptar hábitos saludables. Repasamos los puntos que comparto contigo en este capítulo y, sorprendentemente, estuvo de acuerdo. Y, por supuesto, nuestra hija ni se molesta en preguntar.

Sí, confío en mi hijo. Confío en que tomará buenas decisiones. También sé que puede cometer errores. Independientemente, quiero que ambos entiendan que esta es nuestra casa, donde conversamos unos con otros. Quiero que permanezcan conectados con nosotros y entre ellos, no con el mundo de fantasía que ofrece el Internet. Quiero que aprendan autocontrol, hábitos saludables, y respeten sus cuerpos. Quiero que sean conscientes e inteligentes sobre lo que permiten entrar a sus cabezas. ¡Y quiero que tengan control sobre su uso de pantallas y no que sean controlados por esto!

Para Concluir...

Tristemente, nuestros hijos están expuestos a mensajes tergiversados por los medios, una y otra vez: "Si quieres ser alguien debes ser flaca, bonita, popular, sexy, sensual y coqueta." Y la lista sigue. Mientras más expuestos estén a esos mensajes poco saludables sin orientación, es más probable que los crean y los acepten.

Incluso cuando yo era una adolescente, recuerdo ser atraída por lo que los medios decían que estaba de moda. De usar ciertas marcas a seguir las tendencias y estilos que eran aceptados por mis amistades. Dios, estaba cegada. Aunque la influencia es fuerte, tienes el poder de influenciar a tus hijos y guiarlos en la dirección correcta. Enséñales a ser conscientes e inteligentes sobre lo que creen, aceptan e internalizan. Empodéralos a tomar las decisiones correctas y ten conversaciones sobre los peligros de permitir a los medios influenciar su estilo de vida y toma de decisiones. Lo que es más importante, tienes que estar ahí para tu hija o hijo y ser su modelo a seguir.

Lección 2. Enseña a tu Hija o hijo Algunas Buenas Técnicas de Manejo de Estrés

Como recordarás del capítulo uno, recorrimos el valor de simplificar la vida de tu familia para que tu hija o hijo aprenda a simplificar la suya y aprenda a vivir a vivir una vida menos estresante. No puedo dejar de hacer hincapié en la importancia de enseñar a tu hija o hijo a evitar abarrotar su vida y sobre-programarse. Créeme, te lo agradecerán cuando desarrollen y disfruten los beneficios de este hábito saludable.

> NO PUEDO DEJAR DE HACER HINCAPIÉ EN LA IMPORTANCIA DE ENSEÑAR A TU HIJA O HIJO A EVITAR ABARROTAR SU VIDA Y SOBRE-PROGRAMARSE.

También hablamos de enseñar a tu hija o hijo a adoptar tiempo de descanso (incluyendo descanso de las pantallas) para que puedan relajarse, explorar, crear, innovar y reflexionar. Si necesitas un repaso de este tópico, vuelve al capítulo uno y repásalo.

Al final del día, queremos que nuestros hijos crezcan y vivan una vida más saludable y plena. También queremos que se vuelvan independientes, confiados y atentos. Esta es ciertamente mi esperanza para mi hijo e hija. Pero, hay una plaga que se ha estado regando por un tiempo y más preadolescentes y adolescentes se infectan día tras día. La llaman 'estrés'.

Estaba leyendo el reporte de una investigación que decía que los adolescentes experimentan el estrés en formas similares a los adultos[22]. Los adolescentes reportan niveles de estrés no solo comparables a los de los adultos, sino también los síntomas que vienen con este. ¿Estás tan impactada como yo con estos resultados?

Las fuentes más comunes de estrés reportadas por adolescentes son la escuela, admisión a una universidad, o decidir qué hacer después de la secundaria, y los asuntos financieros familiares. Cuando mencioné estos resultados a algunos amigos de mi hijo, concurrieron y también añadieron asuntos sociales como el drama y la presión de grupo que también pueden ser bastante estresantes.

Sabemos que el estrés puede pasar factura en nuestra salud física y mental y lo último que queremos es que nuestros hijos experimenten estos problemas a tan corta edad. Estos niños están comenzando sus vidas y ya están mostrando niveles poco saludables de estrés. ¡Esto es inaceptable! Si no abordamos esto ahora, nuestros hijos enfrentarán una turbia perspectiva cuando se trate de su salud mental. La verdad es que mientras más estrés estos niños experimenten en sus vidas sin manejarlo correctamente, más probable será que afecte su vida personal, dinámica familiar, y rendimiento escolar.

Por los siguientes minutos, quiero que te concentres en el manejo del estrés. Si no se maneja, el estrés puede llevar a retraimiento, agresión, ansiedad, enfermedades físicas, adicciones como el uso de drogas y/o alcohol, y muchas otras indeseables consecuencias. Por eso es tan importante que enseñemos a nuestros hijos a tomar decisiones más saludables para ellos. Permíteme compartir contigo seis estrategias que puedes seguir para ayudar a tu hija o hijo a desarrollar habilidades de manejo de estrés.

1. Ábrete a una conversación y anima a tu hija o hijo a hablar de su estrés. Compartir sus frustraciones contigo o alguien de confianza tiene el potencial de tranquilizar su mente, cuerpo y alma. Se trata de compartir la carga con otros. Sé receptiva con las necesidades de tu hija o hijo. A veces necesitan una salida segura, otra veces a alguien que los escuche o les dé un buen consejo.

2. Ayuda a tu hija o hijo a calmarse dando ejemplo de esa conducta. Interesantemente, mientras escribo este capítulo mi hijo llega a casa de la escuela muy afligido y frustrado porque reprobó un examen para el que estudió muy duro la noche anterior. Mientras me cuenta, siento su frustración junto con su tono de voz que se incrementa gradualmente. Cortésmente lo interrumpo y digo: "Hijo, puedo entender por qué estás frustrado, pero no hay necesidad de elevar tu voz. ¿Por qué no paras un momento y te calmas para que podamos continuar la conversación?" Mientras decía esto, estaba dando ejemplo conscientemente del tono apropiado de voz. "¡Pero estoy muy frustrado!" dijo. Entonces entendió lo que estaba haciendo y bajó el tono de su voz.

3. Ayuda a tu hija o hijo a entender dos cosas: (1) es responsable por la forma en la que reacciona ante una situación estresante y (2) aunque no tenga control sobre las palabras o reacciones de otros, tiene el poder de controlar las suyas. No podemos prevenir que algunas situaciones se den, pero podemos enseñar a nuestros hijos a controlar cómo reaccionan a situaciones estresantes para que no saquen lo peor de ellos. Anímalos a evaluar la situación haciéndoles las siguientes preguntas:

- ¿Vale la pena participar en este juego desagradable, lucha de poder o argumento?
- ¿Qué obtengo al participar en esta situación?
- ¿Cuáles son las consecuencias?
- ¿Debería considerar que no vale la pena?

Un ejemplo omnipresente es el acosador de la escuela. Típicamente, se alimentan de la atención negativa y ver sufrir a sus víctimas. Si tu hija o hijo se encuentra en una situación como esta, a menudo ignorarlos y alejarse puede ahorrarles un gran dolor de cabeza. Sin embargo, hay situaciones en las que dar la cara por ellos mismos evitará que un joven acosador les haga daño otra vez. Háblales a tus hijos sobre el valor de la integridad y como se rebajan al nivel del agresor cuando maldicen o comienzan una pelea por venganza. Aunque debería señalar que hay una diferencia entre la defensa propia y actuar por venganza. Conversa con tus hijos sobre estos asuntos. Les digo a mis hijos que nunca insulten o denigren a otros, comiencen una pelea o discusión, y que siempre muestren autocontrol. Sin embargo, (y puede que no estés de acuerdo conmigo aquí) si alguien los golpea y les hace daño, tienen permiso de defenderse.

4. Anima a tu hija o hijo a adoptar una forma de relajación que le ayude a calmar su mente, cuerpo y alma antes de que las frustraciones continuas consuman sus jóvenes vidas. De acuerdo con un estudio de la Universidad Johns Hopkins, treinta minutos de meditación diaria pueden mejorar los síntomas de depresión, ansiedad, y por lo tanto, estrés[23]. La meditación, yoga y llevar diarios son asombrosas formas de relajación. Otras técnicas de sanación alternativas como aceites con esencia y masajes pueden hacer maravillas por sus cuerpos. Hay muchas aplicaciones asombrosas de respiración y meditación que tu hija o hijo pueden descargar en sus teléfonos. Siempre puedes leer sus reseñas antes de descargarlas. También haz una búsqueda en Internet de sitios con meditaciones guiadas grabadas que tu hija o hijo pueda escuchar cuando esté estresado y antes de ir a la cama.

5. Enseña a tu hija o hijo a evitar el diálogo interno negativo. Mientras más se digan a sí mismos estos comentarios negativos, más desesperanzados y derrotados se sentirán. Si el diálogo interno negativo se le

da naturalmente a tu hija o hijo, podrías tener que guiarlos en esta área. Cuando escuches a tu hija o hijo decir comentarios negativos, anímale a contradecirlos y reemplazarlos con pensamientos neutrales o positivos. "Voy a reprobar la escuela" puede reemplazarse con "Estoy afligido ahora, pero la escuela puede mejorar si lo sigo intentando y obtengo un poco de ayuda".

6. Anima a tu hija o hijo a tomarse un descanso cuando esté demasiado estresado. Si el estrés es consecuencia de estudiar para un examen difícil, acaba de tener una discusión con un amigo o reprobó el examen para el que estuvo estudiando toda la semana como mi hijo, es importante tomarse un momento para tocar tierra y despejar sus mentes. Anímales a hacer algo que realmente les guste por algunos minutos como dibujar, escribir en un diario, escuchar música, hablar con un amigo, o pasar tiempo con una mascota. Una vez que se calmen, probablemente podrán idear una solución o un plan para manejar la situación estresante más eficientemente. Sugiero que seas muy clara desde el inicio que es un descanso, no un retiro de medio día o una excusa para evadir sus tareas. Sabes lo que pasa cuando no eres claras. ¡Tus palabras podrían "malentenderse"!

Para Concluir...

El estrés es inevitable. Tanto como quisiéramos que nuestros hijos lleven una vida libre de estrés, es imposible. Podemos, sin embargo, enseñar y dar ejemplo de habilidades saludables de manejo de estrés para que el estrés no tome el control de sus vidas. Recuerda, somos los mayores modelos a seguir de nuestros hijos y nos están mirando constantemente. Mi esperanza es que estas técnicas ayuden a tus hijos a manejar su estrés de forma más saludable. Pero ten en mente que si tu preadolescente o adolescente te dice o muestra que está demasiado estresado, consultar con un profesional calificado de salud mental podría ser el siguiente paso. Algunos preadolescentes y adolescentes simplemente necesitan apoyo individualizado consistente en esta área. Si tu hija o hijo es de estos, ¡está bien buscar ayuda!

Lección 3. Estar Disponible y Abierta a Tener "La Charla".

He hablado con algunas mamás que tienen dificultad comenzando o teniendo una conversación sobre sexo, orientación sexual y pornografía con sus preadolescentes y adolescentes. Entiendo lo difícil que esto puede ser para algunas mamás, especialmente cuando aún los vemos como nuestros bebés. Me han preguntado varias veces cuándo y cómo abordar este asunto de manera saludable.

No hay una edad mágica para comenzar la conversación sobre estos tópicos. Y, honestamente, la curiosidad sexual comienza a una edad muy temprana. Si recuerdas, cuando tu hijo era pequeño, probablemente estaba fascinado por sus genitales. Al crecer, tal vez empezó a hacerte preguntas sobre sus genitales y se volvió más curioso acerca de sus erecciones. Quizás, te preguntó por qué los genitales de su hermana no eran como los suyos. Alrededor de esa edad, comenzaste a enseñarle sobre su área privada y que nunca nadie debería tocar las áreas cubiertas por un traje de baño. ¿Cierto? No hace falta decirlo, la curiosidad sigue creciendo a medida que ellos crecen.

Ahora que tu hijo es un preadolescente o adolescente, hay maneras de tener "la charla". Déjame compartir contigo seis tips para que comiences. En situaciones como estas, tener una relación saludable con tu hija o hijo puede hacer una gran diferencia.

1. No esperes hasta que ellos inicien la conversación o hagan preguntas ya que podrían no saber qué preguntar.

En cambio, debería ser una conversación continua entre tú y tu hija o hijo. Cuando cumpla nueve o diez años, introduce los conceptos básicos de la pubertad y qué esperar antes de que lleguen ahí. Busca oportunidades para cubrir estos tópicos para que se sientan menos intimidados al acercarse a la pubertad.

2. Al hablar de la pubertad, hazles saber que todos estos cambios en sus cuerpos (ejemplo, la menstruación, crecimiento de los senos, acné, sueños húmedos y el vello corporal) son normales. Los niños pueden alcanzar la pubertad en diferentes edades, pero pasan por los mismos cambios de una forma u otra.

3. Como compartí antes, los niños están expuestos al sexo y la orientación sexual a una edad muy temprana. He tenido algunos casos de niños de cuatro y cinco años de edad que podían describir claramente un acto sexual. Aunque esta no es la norma, mi punto es que ellos saben más de lo que creemos y no deberíamos subestimar lo que ya saben. Aunque nosotros hayamos estado teniendo una conversación continua sobre la pubertad y proteger sus partes privadas desde que nuestros hijos eran más pequeños, mi esposo y yo tuvimos la charla con nuestro hijo mayor el verano antes de que entrara al quinto grado, lo que confieso fue algo tarde. Era un día soleado y nuestra hija estaba en un campamento de verano. Al terminar el almuerzo, la oportunidad surgió. No estaba sorprendida de que ya supiera un poco de esos tópicos. Independientemente, hablamos sobre el coito, sus consecuencias y el valor de la abstinencia. Hablamos sobre el embarazo, las enfermedades de transmisión sexual, y lo que se usa como protección.

Con nuestra hija hicimos igual, comenzamos a introducir las nociones básicas de la pubertad cuando tenía cerca de ocho años. Podrías pensar que aprendí mi lección sobre el tiempo en lo que respecta a la charla. No realmente. Esperamos hasta el verano antes del sexto grado para tenerla porque sentimos que ella no mostraba curiosidad alguna. Bueno, llegamos tarde otra vez. Ya tenía algo de conocimiento sobre sexo e identidad sexual, pero igualmente procedimos con la conversación. Usamos fotos y videos educativos (incluyendo información sobre enfermedades de transmisión sexual) para ambos niños. Sí, estarán asqueados, no interesados, y tal vez avergonzados. Independientemente, creo que es mejor que lo oigan de sus padres.

4. El sexo y la pornografía no son los mejores encabezados para una conversación. A algunos jóvenes les incomodan estos tópicos sensibles; con sus padres, ni hablar. Es importante que no impongas y entiendas si no quieren discutir su sexualidad contigo en este momento en particular. Los viajes en auto son buenos para este tipo de conversación, o mientras pasas al lado de una pareja besándose en el banco de un parque. Otros no tienen problema con tener estas conversaciones en la privacidad de sus dormitorios. No te desanimes. Hazles saber que te importan y que estás disponible cuando estén listos. Es más seguro que oigan los hechos de ti que del hijo de 13 años del vecino que ha sido expuesto a revistas y videos por sus hermanos mayores.

5. Enseña a tu hija o hijo estrategias para manejar la presión sexual evitando estar en la situación. Por ejemplo, mi hijo sabe que su cuarto está fuera de límites cuando su novia viene a casa. También sabe que el sótano no es un lugar en el que puede estar solo con su novia. Las puertas deben permanecer abiertas todo el tiempo. Empodera a tu hija o hijo a establecer reglas como "no tocar partes privadas" o "no significa no". Ella siempre

puede sugerir salir a un restaurant en vez de estar en el sótano con su novio sin supervisión adulta.

6. Al conversar con tu hija o hijo, no temas ser específica. Te animo a enfatizar el sexo en el contexto de relaciones, compromiso y respeto por ellos mismos y su pareja en vez de la prevención de enfermedades. Enfatiza que el sexo nunca debería ser forzado. Tómate la oportunidad de compartir tus valores y creencias personales sobre esos tópicos. Lo que es más importante, llega a esta conversación con una actitud afectuosa y no prejuiciosa para que tú y tu hija o hijo mantengan una conversación abierta y continua sobre estos tópicos.

Para Concluir...

No hay una edad mágica o una forma específica para hablar de estos tópicos con tu hija o hijo. Conoces mejor que nadie a tus hijos y sabes qué funciona mejor. No hace falta decirlo, es importante que mantengas una actitud abierta y no prejuiciosa para que tus hijos se sientan cómodos buscando tu consejo y apoyo. Te animo a compartir con ellos tus creencias sobre la sexualidad y la pornografía. Ten en mente que, al final del día, ellos deciden por sí mismos. Por eso necesitan estar bien informados sobre las consecuencias de las relaciones sexuales y la pornografía y también sobre cómo protegerse de las enfermedades de transmisión sexual, el embarazo y la adicción.

"Puse mis síntomas en WebMD y resulta que 'solo tengo hijos'".

—*MAMÁ SARCÁSTICA*

6
ENSEÑAR Y PONER EN PRÁCTICA VALORES, RESPONSABILIDADES E INDEPENDENCIA

"No necesitan ser perfectos. ¡Solo te necesitan a ti!"
—AUTOR DESCONOCIDO

La integridad, los valores y el carácter son atributos que estimamos y respetamos en una relación. Sin duda, las madres quieren criar adultos responsables, independientes y atentos que vivan por esos atributos. El desafío que enfrentamos como madres es que, mientras nuestros hijos crecen, influencias externas y la presión de grupo se vuelven más fuertes. Por esto es tan importante que enseñemos a nuestros hijos atributos positivos mientras les damos oportunidades que fomenten responsabilidad e independencia.

Al enseñar a tu hija o hijo valores y les pases tus creencias, ten en mente que ellos decidirán cuáles adoptarán y cuáles dejarán ir. Aunque me encantaría que mis hijos adoptaran cada valor y creencia que les hemos estado enseñando desde que nacieron, dejarlos decidir por ellos mismos es crucial para el desarrollo saludable.

Como he mencionado antes en este libro, crecí en la familia de un pastor. Mi madre y mi padre estaban dedicados a enseñarnos integridad y valores. Enfatizaban la importancia de amar y cuidar de otros como a nosotros mismos. También nos pasaron muchas de sus creencias personales incluyendo la importancia de permanecer conectados a Dios quien es la fuente de la vida.

Al convertirme en adulta, tuve que decidir qué valores, puntos de vista y creencias escogería adoptar. Aunque no necesariamente esté de acuerdo con cada visión o creencia personal que mis padres me enseñaron, he adoptado algunas como parte integral de mi vida. Ahora, hago lo mismo. Paso a mis hijos mis valores, puntos de vista y creencias. Pero estoy consciente de que un día ellos tomarán sus propias decisiones. Y eso está bien.

> TE ANIMO A TOMARTE EL TIEMPO, SI NO LO HAS HECHO, DE TENER CONVERSACIONES CON TU PREADOLESCENTE O ADOLESCENTE SOBRE TUS VALORES, CREENCIAS, Y QUÉ ATRIBUTOS TE GUSTARÍA VER EN TUS HIJOS Y POR QUÉ.

¿Qué hay de ti? ¿Creciste en una familia donde los valores y atributos eran enseñados y esperados? ¿Creciste en una casa en la que tal vez los valores, atributos y creencias no eran parte de las conversaciones diarias? Si estos asuntos fueron parte de tu crianza o no, es tu turno de decidir qué te gustaría pasarles a tus hijos. Te animo a tomarte el tiempo, si no lo has hecho, de tener conversaciones con tu preadolescente o adolescente sobre tus valores, creencias, y qué atributos te gustaría ver en tus hijos y por qué.

Cuando trabajaba en un sistema escolar, tuve la oportunidad de presenciar niños mostrando amor y bondad a otros. Vi niños compartir sus almuerzos con compañeros menos afortunados o simplemente porque un amigo olvidó su dinero del almuerzo ese día. Otros mostraban sus buenos modales diciendo buenos días, por favor y gracias.

Vi a un grupo de séptimo grado juntándose para quedarse después de la escuela el último día de escuela para ayudar a su maestra a limpiar el salón de clases. Vi adolescentes yendo a la escuela primaria a ser tutores de niños en matemática y ciencia. Fue tan refrescante ver niños altruistas de todas las edades vivir sus valores y atributos mientras hacían una diferencia en las vidas de otros.

También vi niños y jóvenes faltos de valores, sensibilidad e integridad. Vi como los pequeños fácilmente mentían a un adulto hasta cuando eran atrapados en el acto. Vi otros que contestaban irrespetuosamente a un adulto como si llevaran una puntuación. Vi jóvenes caminando por pasillos insultando, maldiciendo y mostrando el dedo a otros. Vi niños en primer grado enseñando a sus compañeros a tener sexo con alguien más. Hablé con jóvenes que sentían la necesidad de hacer daño a otros para poder sentirse bien con ellos mismos. Vi como adolescentes irrespetaban al custodio o a la señora de la cafetería gritando: "Apúrese con mi comida, vieja". Y la lista continúa.

Nuestra sociedad está dañada y hay necesidad de enmendar y sanar. Necesitamos de una juventud atenta, compasiva, saludable, altruista, respetuosa, confiada y que muestre integridad. Son nuestros futuros líderes y necesitamos gente con valores e integridad no solo para estar en posiciones de liderazgo sino también como nuestros vecinos, amigos y compañeros de trabajo.

¿No estás de acuerdo?

Por eso tú y yo tenemos la responsabilidad de hacer lo necesario para criar a nuestros hijos con carácter, integridad, valores y convicciones para que se vuelvan adultos responsables, confiables e independientes.

En este capítulo, cubro tres lecciones que he estado aprendiendo mientras trabajo en criar niños independientes con valores, convicciones e integridad. También comparto consejos y tips que puedes usar al enseñar y poner en práctica valores, responsabilidades e independencia.

¿Te parece un buen plan? ¡Vamos a sumergirnos juntos!

Lección 1. Ayuda tu Hija o hijo a Escoger Valores y Convicciones Basados en la Verdad.

Nuestros jóvenes son bombardeados día y noche con mensajes mixtos. Los medios son inteligentes en pintar un falso escenario de cómo deben vivir sus vidas los preadolescentes y adolescentes. Imponen sus ideas sobre qué está de moda y qué no, cómo actuar si quieres ser popular, hasta qué ver o en qué creer. A menudo, los mensajes que reciben de estas fuentes no confiables son lo opuesto de lo que les enseñamos en casa y raramente van de la mano con nuestros valores y convicciones. No nos sorprende por qué tantos jóvenes están confundidos con sus valores y terminan sintiéndose perdidos.

Más que nunca, es esencial permanecer conectada con tu preadolescente o adolescente para que sean receptivos a tu consejo y orientación. Estoy segura de que estarás de acuerdo conmigo en que quieres que tu hija o hijo escoja valores y convicciones basados en la verdad y no en lo que los medios o el mundo de la moda imponen. La verdad es que tenemos que desarrollar una base fuerte para nuestro preadolescente o adolescente. Y si esta es un área que necesita mejorar en tu vida, nunca es tarde.

Estoy segura de que edificios magníficos como el Burj Khalifa en Dubai con 163 pisos o tal vez la Torre de Shanghái de 128 pisos en China no fueron construidos en un día. Fue un proceso meticuloso paso por paso, ladrillo a ladrillo. Como estos impactantes edificios tomaron tiempo para ser construidos, toma tiempo, paciencia y consistencia construir una base fuerte para nuestros hijos.

Si ya la empezaste o necesitas comenzar, es importante que compartas con tu hija o hijo tus valores y convicciones, por qué eres devota de esas creencias y cómo hacen un diferencia en tu vida en el camino. Y siempre da ejemplo de tus valores y convicciones. Puedes decir que crees en muchas cosas, pero tus acciones siempre hablarán más fuerte que tus palabras.

También necesitamos equipar a nuestros hijos para prosperar y vivir por sus valores. Francamente, ser conscientes de los valores de uno es solo el primer paso. Lo que hace una diferencia es vivir y tomar decisiones basadas en nuestros valores en vez de tomar decisiones para complacer a aquellos a nuestro alrededor[24]. Como mamás, estamos aquí para enseñar a nuestros hijos esta invaluable lección. Al comenzar a tomar sus propias decisiones, necesitan nuestra ayuda para decidir qué ladrillos encajan basándose en sus convicciones y cuáles necesitan ser descartados. Al asistirlos en formar una identidad fuerte y positiva, también los ayudamos a adoptar convicciones y morales fuertes basados en la verdad y no en lo que los medios imponen. Estas son cuatro ideas para ayudar a tu hija o hijo a valerse por sí mismos cuando sus valores y convicciones se ven amenazados.

1. Comparte frecuentemente tus valores y convicciones con tu hija o hijo, pero evita la tentación de sermonearlos.

2. Sé consistente dando el ejemplo de los valores que les enseñas para que te respeten y confíen en ti. Lo último que necesitas oír es "Pero tú nunca has hecho eso. ¿Por qué debería yo?"

3. Ten una conversación con tu hija o hijo sobre sus valores. Sus valores podrían diferir de los tuyos o no, y deberíamos respetarlos independientemente. Pregúntales que es importante para ellos, qué valoran más y por qué. Además, habla sobre qué puede hacer cuando sus valores se ven desafiados. Idea un escenario y un plan.

4. A veces, los preadolescentes y adolescentes necesitan seguridad y un pequeño empujón. Anímalos a

mantenerse firme en sus valores sin importar lo que los demás hagan o piensen.

Para Concluir...

Estamos rodeados por diferentes tipos de personas. Hay aquellos que muestran integridad y compasión y aquellos que son indiferentes y solo se preocupan por sí mismos. Nuestro mundo necesita más personas que vivan sus vidas basándose en la integridad, el respeto y las intenciones altruistas. Necesitamos más personas que sean compasivas y atentas. Sé que quieres que tu hija o hijo crezca así. También quieres que se defiendan y sean fuertes. Es nuestra responsabilidad desarrollar una base fuerte para ellos y mostrarles a través de la forma en que vivimos nuestras vidas y nos presentamos a nosotros mismos cómo se ve una persona con integridad y valores.

> ES NUESTRA RESPONSABILIDAD DESARROLLAR UNA BASE FUERTE PARA ELLOS Y MOSTRARLES A TRAVÉS DE LA FORMA EN QUE VIVIMOS NUESTRAS VIDAS Y NOS PRESENTAMOS A NOSOTROS MISMOS CÓMO SE VE UNA PERSONA CON INTEGRIDAD Y VALORES.

Recuerda, somos los mayores modelos a seguir de nuestros hijos.

Lección 2. Proveer Oportunidades para Ejercer la Responsabilidad

Aunque cada una de nosotras haya adoptado distintos estilos de maternidad, investigaciones han mostrado que estamos de acuerdo en que enseñar responsabilidad y trabajo duro a nuestros hijos es altamente importante[25]. Tal vez nunca te lo digan, pero los preadolescentes y adolescentes se sienten bien cuando sus padres confían en ellos.

Como madres, podemos proveer a nuestros hijos con oportunidades para ayudarlos a volverse más responsables e independientes. Esto significa, menos intervenciones o reparaciones de tu parte. Por ejemplo, cuando nuestros hijos estaban en la primaria, les recordaba cada día después de la escuela que me dieran cualquier formulario o nota de las maestras como permisos, anuncios, o cualquier información importante. Una vez que comenzaron la escuela media, les dije que no les recordaría más esas cosas porque ahora esperaba que fueran responsables de darme cualquier comunicación de la escuela.

Como podrás imaginar, ambos niños se perdieron de eventos divertidos porque olvidaron darme los permisos para firmar. Les tomo a cada uno de ellos dos resbalones para finalmente aprender su lección. Pude haber firmado la autorización y dejarla en la escuela. Después de todo, la escuela está a pocos minutos y siempre disfruto hablar con las mujeres de la oficina. Sin embargo, de haber hecho esto no hubieran aprendido a ser responsables.

Desde entonces, han aprendido a pasarme notas importantes y permisos—a menudo en la fecha tope (suspiro…). Ahora, trabajaremos en ser puntuales. Si queremos que nuestros hijos maduren, debemos luchar contra la tentación de arreglar todo por ellos. Permitirles enfrentar las consecuencias naturales de su falta de responsabilidad es esencial para que puedan hacerse jóvenes responsables e independientes.

Eso es lo que una mamá que solía ser la salvadora de su hijo tenía para decir sobre enseñar responsabilidad. *"A principios del séptimo grado, mi hijo tomó el hábito de olvidar su almuerzo. No una sino dos o tres veces a la semana. Tengo un trabajo a tiempo completo, ¿sabes? Son cerca de 30 minutos de transporte cada día, por lo tanto salgo de casa algunos minutos antes de que el autobús recoja a mi hijo. Durante la primera semana de escuela, pensé, tal vez se está acostumbrando a una nueva rutina. Entonces, me sentí mal y conducía a su escuela durante mi hora de almuerzo cada vez que dejaba su almuerzo en casa. Dejaba su almuerzo en la oficina principal y volvía a mi oficina. Como podrás imaginar, normalmente llegaba algunos minutos tarde.*

Dos semanas pasaron, y hasta tres. Aún olvidaba su almuerzo en casa ocasionalmente. Y ahí estaba yo, conduciendo como loca durante mi almuerzo para salvarle el día a mi hijo. Un día dije: Esto es patético. ¡Ya basta! Le tomó a mi hijo dos días sin almuerzo para entender. Y de hecho, no me sentí mal de que no tuviera almuerzo esas dos ocasiones. Tenía que aprender a ser responsable y yo no lo dejaba. Tuve que aprender a dejar de salvarlo de las consecuencias de sus malos hábitos. Ahora, este niño nunca olvida su almuerzo. ¡Soy una mamá feliz!"

El verano antes de que nuestro hijo comenzara la secundaria, repasamos que sería totalmente responsable de despertarse por sí mismo. Cuando estaba en la escuela media, solía despertarse a las 7:00 am. En la secundaria tiene que levantarse a las 5:20 am para estar listo antes de que el autobús lo recoja a las 6:20 am. Así que mi esposo y yo fuimos bastante claros en que era su responsabilidad despertarse y estar listo por sí mismo para no perder su transporte.

Ahora, está en segundo años y solo se ha quedado dormido dos veces porque no oyó la alarma. En ambas ocasiones, llegó tarde a la escuela. Como resultado, tuvo que ir a la oficina para registrarse y obtuvo una amonestación como resultado de no llegar a tiempo. Puede haber llamado a la escuela con una buena excusa para evitar la amonestación en su expediente de escuela, pero no lo hice. Ahora, se hace responsable por esto y sabe que es su responsabilidad despertarse y estar listo para no perder el autobús.

Estamos tan acostumbrados a tomar decisiones por nuestros hijos que tenemos que ser conscientes e intencionales en darles oportunidades para que tomen sus propias decisiones. Cuando los preadolescentes se vuelven adolescente y comienzan a madurar, su visión del mundo y lo que los rodea comienza a expandirse. Ganan nuevas habilidades y aptitudes incluyendo pensar por adelantado, alternativas y consecuencias. También enfrentan más elecciones y hambre de independencia.

Al comenzar a ver el futuro más objetivamente, comienzan a pensar sobre lo que el futuro podría depararles. Solo porque nuestros hijos estén creciendo no significa que ya no necesiten nuestra orientación y apoyo. Nunca deberíamos asumir que son totalmente capaces de tomar decisiones responsables. Aunque estoy de acuerdo con que algunos preadolescentes y adolescentes actúan de forma más madura que sus pares, aún son niños. Sin importar el nivel de madurez de sus hijos, te animo a tomarte el tiempo de enseñarlos a tomar decisiones responsables[26]. Estos son cinco tips para ayudar a tu preadolescente o adolescente a tener responsabilidad:

Tip 1. Permíteles elecciones. Por ejemplo, una de las tareas de mi hijo es limpiar la alfombra de su dormitorio, sala y comedor principal. A menos que tengamos invitados, esta tarea debe estar completada a las 6:00 pm los domingos. Depende de él si quiere hacerla la noche del viernes, el sábado o el domingo.

Tip 2. Ayuda a tu hija o hijo a fijar metas. Sea obtener mejores calificaciones en matemática al final del trimestre o ahorrar algo de dinero para comprar el último par de pantalones, ayuda a tu hija o hijo a idear un plan para lograr su meta. Recuérdale que es su viaje, así que es responsable de trabajar duro para lograr su meta.

Tip 3. Evita remuneraciones y hazles saber que confías en ellos. Ten en mente que estás enseñando responsabilidad. Hay un tiempo y lugar para remuneraciones. Ciertamente no es cuando la meta es inculcar responsabilidad. En vez de dar remuneraciones, aliéntalos haciéndoles saber que confías en ellos

Tip 4. No te apresures en salvar a tu hija o hijo cuando sea irresponsable. Si cometen un error, déjalos que se les ocurran posibles soluciones. Posiciónate como una guía y no su solucionadora de problemas. Está disponible para proveer consejos, sugerencias y apoyo. Evita el impulso de darles todas las respuestas y limpiar sus desastres.

Tip 5. Está bien permitir las consecuencias naturales que resulten de sus malas decisiones. Crecerán cuando enfrenten las consecuencias de sus errores. Si no se hacen responsables, seguirán cometiendo el mismo error, no se responsabilizarán de sus errores, se sentirán con derecho, y esperarán que los salves una y otra vez. Necesitan aprender a responsabilizarse de sus malas decisiones y no culpar a otros. Créeme, que entiendan esto bien evitará problemas mayores en la relación más adelante.

Para Concluir...

Aprender a ser responsables y medir consecuencias son habilidades esenciales para la adultez. Debemos proveer a nuestro preadolescente o adolescente oportunidades para que se vuelvan más responsables e independientes. Tan difícil como pueda ser a veces, te animo a resistir la tentación de salvar a tu hija o hijo cada vez que se equivoque. Es importante que enfrenten las consecuencias de sus elecciones para que aprendan a tomar decisiones responsables por ellos mismos.

Lección 3. Alimenta su Hambre de Independencia

Cuando cumplí quince años, lo primero que hice fue obtener mi licencia de conducir. Oh, ¡cuánto anhelaba ser totalmente independiente! Al menos, así lo veía. La vida se volvió tan asombrosa cuando esa señora irritable de la Oficina de Vehículos Motorizados me dio mi más preciada posesión—mi licencia de conducir. Finalmente era una mujer independiente. Eso pensé.

Los adolescentes anhelan ser autosuficientes. Quieren ser emocionalmente independientes de sus padres, tomar sus propias decisiones, y desarrollar su propio conjunto de valores y creencias. Sé que podría no gustarte el hecho de que tu bebé esté creciendo tan rápido y volviéndose autónomo, pero esto es normal. Al final del día, queremos criar adolescentes independientes que en consecuencia se vuelvan adultos independientes. Déjame compartir cuatro tips contigo para guiar a tu hija o hijo en su búsqueda de independencia.

Tip 1. Permanece conectada e involucrada en sus vidas.
Nuestros hijos necesitan saber que estamos ahí para ellos tengan 5 años o 17 años. Una cosa que he notado ahora que nuestro hijo está en la secundaria es la falta de participación de los padres en la Noche de Orientación Parental.

Cuando estaba en la primaria, la participación de los padres era sobresaliente por decir lo menos. Nuestra escuela primaria tenía que ofrecer varias Noches de Orientación Parental porque la asistencia era tan grande que no cabían todos los padres en una noche. En la escuela media, aún veía una buena multitud de padres, pero nada como en la escuela primaria.

Este año, durante la Noche de Orientación Parental en la escuela secundaria de mi hijo, había algunas presentaciones de maestros con solo 3-5 padres presentes. Este es un ejemplo de cómo podemos desconectarnos de nuestros hijos cuando crecen. Te animo a permanecer conscientemente involucrada en la vida de tus hijos. No digo que asistas a todas las Noches de Orientación Parental, pero asegúrate de estar activamente involucrada en sus vidas. Está bien preguntarles cómo van en la escuela y si hay alguna clase con la que tengan dificultad. ¡Mantente conectada!

Tip 2. Alienta el pensamiento crítico y las conversaciones saludables.
Discute asuntos e ideas con tu adolescente y respeta su opinión. Anímalos a compartir sus opiniones y puntos de vista. A cualquier costo, evita minimizar, juzgar o criticar sus comentarios. En cambio, fomenta un ambiente seguro donde ambos puedan discutir sus diferencias con respeto y llegar a una conclusión hasta cuando ambos terminen en desacuerdo. No siempre tienes que estar de acuerdo con el punto de vista de tu

adolescente. Sin embargo, es importante que muestres respeto y des ejemplo de la conducta que quieres que tu hija o hijo demuestre cuando no esté de acuerdo con otros.

Tip 3. Enseña y provee oportunidades para ejercer habilidades de toma de decisiones.
Tu adolescente podría pensar que tiene lo necesario para tomar decisiones por su cuenta, pero la verdad es que aún necesita tu orientación. Enséñale habilidades de resolución de problemas como investigar los hechos, comparar opciones, y hacer lluvias de ideas de posibilidades para abordar asuntos y situaciones que no vayan de acuerdo al plan. Además, enséñale el valor de identificar pros y contras antes de tomar cualquier decisión. Ten en mente que el cerebro de tu hija o hijo aún se está desarrollando hasta cumplir, al menos, 21 años. Para su decepción, ¡no lo saben todo aunque estén convencidos de que sí!

Una cosa que hacemos en casa es involucrar a nuestro preadolescente y adolescente cuando tomamos decisiones para la familia. Por supuesto, hay algunas decisiones que solo mi esposo y yo debemos tomar, pero siempre que es posible, involucramos a ambos niños en la toma de decisiones.

Lo que he estado notando es que, cuando lo hacemos, sienten que sus opiniones son escuchadas y también se sienten valorados. Aprenden a asumir las decisiones que toman junto con las consecuencias que vienen como resultado de sus decisiones. Cuando buscábamos una iglesia más cerca de nuestra casa, visitamos algunas en el área que mi esposo y yo creíamos que daban enseñanzas sólidas.

Podrás pensar que mi esposo y yo escogimos la iglesia a la que actualmente asistimos, pero no fue así. Les pedimos a nuestros hijos que escogieran la iglesia a la que les gustaría asistir. Hablamos de los pros y contras de cada iglesia que vimos y decidieron a qué iglesia asistiríamos desde ese momento en adelante. Nos aseguramos de exponerlos a lo que consideramos teología sólida y los dejamos escoger la iglesia que sintieran encajaba mejor para ellos, no nosotros. Este es un ejemplo de cómo puedes proveer oportunidades para que tu hija o hijo sea parte de la toma de decisiones familiar, para que sientan que su opinión es bienvenida.

Tip 4. Provee oportunidades de ejercer su independencia. Una forma de fomentar independencia en tu hija o hijo es enseñándoles el valor de establecer metas para ellos mismos. Comienza una conversación identificando lo que les gustaría lograr la próxima semana, mes, año escolar, después de la escuela media o la secundaria, etc. Luego descifren juntas los pasos a tomar para lograr sus metas. Algunos ejemplos de metas son hacer elecciones más saludables para el almuerzo, leer tres libros en el verano, mejorar o mantener buenas calificaciones este año escolar, ahorrar dinero para comprar un auto durante el último año, mantener una mentalidad positiva, etc.

Otras formas simples de fomentar independencia es asignar tareas como lavar su propia ropa, limpiar su baño y dormitorio, y lavar sus platos. Llévalos a la tienda de víveres y enséñales hábitos saludables de compras. Continúa con habilidades de cocina en casa. Si tengo que enviar algo en la oficina de correo, normalmente llevo a uno de mis hijos para que lo haga por mí. Espero en el auto mientras entran a la oficina a dejar el correo o paquete.

Aunque no conduce aún, mi hijo es responsable de llenar el tanque de gasolina de nuestro vehículo cuando es necesario. Mi punto es, provee oportunidades para ayudar a tu hija o hijo a ser independiente y autosuficiente y a estar bien cuando cometa un error. En vez de molestarte y regañarlos, usa la oportunidad para corregir el error. Ten en mente que esta es una curva de aprendizaje.

Otra forma de ejercer independencia es enseñarlos a manejar su propio dinero sabiamente. Necesitan aprender esto de ti. Toma algo de tiempo para enseñar a tu hija o hijo habilidades financieras básicas.

Dave Ramsey, un experto financiero, coach, autor y anfitrión, insta a los padres a enseñar a sus hijos sobre presupuesto y metas de ahorro a largo plazo ya que estas son habilidades esenciales para crear una visión y desarrollar paciencia[27].

> Queremos que entren a la adultez con hábitos financieros saludables.

Una cosa que hemos estado enseñando a ambos niños es el valor del presupuesto y nunca gastar dinero que no tienes. Nuestro hijo tiene su cuenta corriente y nuestra hija tiene su caja de ahorros ya que no tiene edad para abrir una cuenta bancaria. Tienen su dinero para gastos, pero también ahorran dinero. Te animo a enseñar a tu hija o hijo a manejar dinero abriendo una cuenta bancaria o de inversión una vez tengan edad suficiente para que aprendan a manejar su dinero. Como nota adicional, tómate un tiempo para explicar los riesgos de usar tarjetas de crédito y gastar por encima de tu presupuesto. Queremos que entren a la adultez con hábitos financieros saludables. Eso empieza con nosotros.

Para Concluir...

La mayoría de adolescentes realmente quieren volverse individuos responsables e independientes. Podrían no estar seguros de cómo llegar ahí y eso está bien. Nos tienen a nosotros para guiarlos por este viaje. Sé consciente al proveer oportunidades para que se vuelvan independientes, mantente conectada, muestra paciencia y sé consistente. En el tiempo debido, serás la mamá orgullosa de un joven confiado e independiente.

"Detrás de cada gran niño o niña hay una mamá que está muy segura de que se está equivocando."

— AUTOR DESCONOCIDO

7
ADOPTAR 'TIEMPO PARA MÍ' EN MI VIDA

"Espero que sepas que eres capaz, valiente y significativa. Hasta cuando sientas que no lo eres."

—AUTOR DESCONOCIDO

En todo este libro he compartido contigo tips, ideas y estrategias para ayudarte a influenciar, empoderar y mantenerte conectada con tu preadolescente o adolescente en un mundo tan ruidoso. Cubrí algunos tips e ideas para ayudarte a desarrollar conexiones más fuertes y saludables con tus hijos. También compartí algunas estrategias para enseñar, empoderar y preparar a tu preadolescente o adolescente para tener éxito.

Ahora, el foco está en ti—tu bienestar. En los siguientes dos capítulos, me gustaría ayudarte a hacer algo muy poderoso, saludable y esencial en la maternidad. Pero, debo advertirte, es algo que algunas mamás no ven como opción. Dependiendo de dónde estés en tu viaje, me encantaría que comenzaras o siguieras priorizando tu bienestar para que puedas vivir plenamente y ser la mejor mamá que puedas ser.

Sí, ¡quiero que te comprometas a cuidar de ti! Como mamás, queremos lo mejor para nuestros hijos. Desde el momento en que comienzan a crecer en nuestro útero, tomamos la responsabilidad de cuidar, amar y guiar a este precioso regalo. En un abrir y cerrar de ojos, se vuelven una prioridad en nuestras vidas. De repente, estamos dispuestos a renunciar a nuestro siguiente día de spa o una desesperadamente necesaria ida al salón de belleza simplemente porque las necesidades de nuestros hijos van primero. Despertamos temprano en la mañana y no vamos a la cama hasta que todos estén arropados en las suyas.

Ha habido incontables instancias en las que estoy en una tienda y veo la blusa perfecta que grita mi nombre. Escucho el llamado y camino al perchero. Tomo la blusa, la levanto, la miro por delante y por detrás. Y la vuelvo a mirar una y otra vez, por delante y por detrás mientras trato de convencerme que solo me la voy a probar.

La llevo al probador de damas, me la pongo, y orgullosamente proclamo; "¡Tenemos una ganadora!" Mientras me la quito y me pongo la que tenía puesta antes, recuerda que mi hija necesita un nuevo par de zapatos y mi hijo otra caja de lentes de contacto. Al salir del probador, mi sentido de victoria rápidamente se desinfla cuando veo el perchero esperando que ponga de vuelta mi blusa perfecta.

¿Soy la única que se prueba estas cosas y luego esa tonta voz dentro de mi cabeza me recuerda las necesidades de mis hijos?

¡Golpe de Realidad!

A veces, en nuestro esfuerzo de volvernos la mamá que anhelamos ser, nos perdemos en el camino. Anestesiamos nuestras necesidades y cuando menos lo esperamos, nos sentimos agotadas, físicamente exhaustas, y emocionalmente drenadas.

Nos quedamos sin energía y nos preguntamos por qué nos sentimos así. Nuestro cabello es un desastre y francamente prestamos cada vez menos atención a nuestra salud general, ni hablar de nuestra apariencia.

No saltamos nuestras citas anuales de exámenes y olvidamos programar nuestras mamografías anuales. ¿Te suena familiar? ¿Estás tan dedicada a cuidar y criar a tus hijos que de alguna manera, te pierdes a ti misma en el camino? ¡Me alegra mucho que estés leyendo este capítulo!

Dime, ¿qué pasa cuando un brillante auto deportivo rojo de $50.000 de dos puertas se queda sin combustible? Sin importar su impecable apariencia, lujoso interior y cómo te haga sentir, ¡es inútil! No llegarás a ninguna parte sin combustible en el tanque.

Hasta el crucero más lujoso jamás construido, con sus glamorosos restaurantes, espaciosas suites, hermosos interiores, impresionantes balcones, elegantes obras de arte y exquisita cocina, solo es otro barco en el puerto si carece de su fuente de energía.

Verás, la mayoría de mamás quieren hacer tanto por sus hijos que, a veces, terminan ignorando sus propias necesidades. En consecuencia, muchas terminan experimentando consecuencias físicas, psicológicas, emocionales y relacionales que pueden ser evitadas si somos más proactivas y preventivas.

Cada vez que viajo en avión, antes de despegar, las azafatas dan una demostración de seguridad. Cubren los elementos en la tarjeta de seguridad, comparten algunos anuncios del vuelo y dan demostraciones para que podamos estar preparados en caso de un aterrizaje de emergencia. Cuando se trata de la máscara de aire, ¿qué es lo que normalmente te dicen que hagas?

Probablemente escuches algo como esto: *"En caso de una descompresión, una máscara de oxígeno aparecerá frente a usted automáticamente. Para iniciar el flujo de oxígeno, hale la máscara hacia usted. Póngala firmemente sobre su nariz y su boca, asegure la banda elástica detrás de su cabeza, y respire normalmente.*

Aunque no vea la bolsa inflarse, el oxígeno circula hacia la máscara. Si está viajando con un niño o alguien que requiera asistencia, asegure su máscara primero y luego asista a la otra persona. Mantenga su máscara puesta hasta que un miembro de la tripulación le avise que se la quite."

Hay una razón por la que tienes que ponerte tu máscara antes de ayudar a tu hija o hijo. Si experimentas una perturbación seria a gran altitud y no te pones tu máscara primero, corres el riesgo de caer inconsciente rápidamente por falta de oxígeno, quedando incapaz de asistir a tu hija o hijo en absoluto.

Este es un ejemplo que ilustra la importancia de cuidar de una misma para que podamos cuidar mejor de nuestros hijos. Cuando lees este capítulo, mi meta es animarte a dar un valiente paso a prestar mucha atención a tu bienestar para que puedas disfrutar de la fuerza física, emocional y espiritual que necesitas para manejar los factores estresantes que vienen con ser la asombrosa mamá que eres.

Antes de comenzar a escribir este libro, entrevisté a un número de mamás para oír su perspectiva en este tópico. Le hice a cada una de ellas las siguientes preguntas: *"Las madres deben cuidar de sí mismas primero para cuidar mejor de sus hijos. ¿Qué piensas de esta afirmación? ¿Cuidas de ti misma?"*

Interesantemente, hubo dos respuestas dominantes entre estas mamás que. Varias mamás se sentía culpables por tomar tiempo para ellas mismas. Dijeron que si invertían en ellas, robaban tiempo de sus hijos. Algunas añadieron que estaban en desacuerdo con la afirmación: *"Las madres deben cuidar de sí mismas primero…"* A pesar de su agotamiento y altos niveles de estrés, preferirían enfocarse en las necesidades de sus hijos e ignorar o hacer a un lado su propio bienestar.

Otras mamás se sentían diferente. Para ellas, para ser la mejor mamá posible, estaban de acuerdo en que tenían que prestar atención a su bienestar físico, emocional y psicológico para poder dar ejemplo a sus hijos de un estilo de vida saludable.

Entre esas mamás, algunas dijeron que raramente podían encajar tiempo para ellas en sus horarios aunque realmente creían que el cuidado propio es esencial en sus vidas. Otras mamás deliberadamente programaban tiempo para ellas

> SE TRATA DE EXPERIMENTAR UN ESTADO MENTAL MÁS SALUDABLE Y CLARIDAD PARA PODER TOMAR MEJORES DECISIONES PARA ELLAS Y SUS HIJOS.

diaria o semanalmente. Lo que me encanta de esto es que esas mamás que programan tiempo para ellas más frecuentemente compartieron que eso las ayuda a recargar energías para poder cumplir las necesidades de sus hijos, ser la mejor mamá posible, y dar ejemplo de vida saludable. Tienen claro que no se trata de ser egocéntricas o egoístas. Se trata de experimentar un estado mental más saludable y claridad para poder tomar mejores decisiones para ellas y sus hijos.

En la siguiente parte de este capítulo, comparto dos ideas prácticas para ayudarte a priorizar tu bienestar físico, emocional y psicológico. Francamente, no te pido pasar cada fin de semana en un spa o tomar un crucero a las Bahamas. Aunque estas ideas suenan bastante seductoras en este momento, la realidad es que somos mamás ocupadas de preadolescentes y adolescentes y no podemos ir al spa o de crucero cada vez que queramos. Entonces, veamos estas ideas prácticas para recargar tu mente, cuerpo y alma más frecuentemente.

Idea 1. Experimenta Momentos Diarios de Alegría

Es solo otra mañana. Imagíname bebiendo mi espresso latte doble extra caliente sin azúcar, encendiendo mi laptop, abriendo mis emails, y ahí estaba—un email de desahogo de una amiga de otro estado.

El email decía: *"¡Me está costando mucho estar al día con todo! Entre trabajar tiempo completo en este empleo que succiona mi energía (¡que por cierto sabes cuánto odio!), responsabilidades familiares y sociales, ¡me estoy sintiendo totalmente agotada y* *estresada! Siempre estoy malhumorada e irritable. Y ni siquiera estoy añadiendo a la ecuación esos días del mes. <<Suspiro>> Los horarios de mis hijos están tomando todo mi tiempo después del trabajo y apenas tengo tiempo para mí. ¿Cuánto tiempo más tengo que alternar entre toda esta "porquería" (editado para mantenerlo limpio)? Demasiado para manejar /:"*

¿Te has sentido como mi amiga últimamente? Si la respuesta es sí, no estás sola. Me parece que más y más personas se están sintiendo estresadas y sobre-comprometidas.

Así que esta fue mi respuesta al email de mi amiga—corta y dulce. *"¡Hola, amiga! Lamento oír que te sientas así. ¡Las mamás queremos hacerlo todo! Y constantemente alternamos entre muchas cosas a la vez. Muchas de nosotras estamos tan ocupadas que ni siquiera tenemos tiempo para nosotras. Olvidamos nutrirnos, especialmente a nuestra mente y alma. Al final del día, nos quedamos sin energía y nos sentimos completamente agotadas. Por eso es tan importante que seamos más intencionales acerca de cuidar de nosotras. Y, ¡una gran forma de hacerlo es añadiendo lo que llamo momentos diarios de alegría o tiempo para mí! Tan duro como suena, la verdad es que tienes que dejar ir algunas cosas para poder abrir espacio en tu ocupado horario para tener tu tiempo para ti."*

Pensemos en esto por un segundo. ¿Qué pasaría si estás exhausta o alcanzas el agotamiento total? Probablemente te sentirás estresada, malhumorada, irritable, impaciente, drenada o antojada de una botella de whisky.

Bueno, seré la primera en decir que probablemente no seas una persona con la que quisiera estar. Y probablemente tus hijos te evitan a toda costa. Pero para ser justos, ¿qué tan bueno podría ser tener a una tú agotada alrededor? Lo último que quiero para ti es que termines en la sala de emergencias. ¡Dios no lo quiera!

Hora de Mover las Cosas

Por eso es tan importante que te tomes el tiempo de refrescarte y nutrir tu mente, cuerpo y alma. ¡Te tienes que relajar, amiga! A menudo escuchas de los médicos y los medios acerca del valor y los beneficios de comer saludable y hacer ejercicio regularmente. Sabes esto y tu médico te lo recuerda cada vez que pasas a tu chequeo de bienestar. Tienes que comer bien y descansar lo suficiente para evitar consecuencias físicas fatales y dar ejemplo de conductas saludables para tus hijos.

¿Qué hay de tu mente y alma? ¿Nutres estas dos también? Son tan importantes como tu bienestar físico. Como compartí con mi amiga de otro estado, te animo a añadir intencionalmente momentos de alegría a tu día todos los días para nutrir tu mente y alma.

Sea conversando con tu familia durante la cena, disfrutando una copa de tu vino favorito mientras admiras la puesta del sol, o tener un poco de tiempo para meditar, hacer yoga o leer un libro, es importante que te permitas el tiempo de experimentar momentos que te revitalicen y recarguen. Estos momentos diarios de alegría sirven como combustible para llenar tu alma.

Piensa en esto por un momento. Cuando te sientes alegre ¿no bajas la guardia? ¿No te sientes energizada, optimista y de mejor humor? Al experimentar estos sentimientos motivadores, tienes mayor claridad y capacidad para tomar decisiones sólidas.

Aunque seas una persona de último minuto o una planificadora obsesiva, haz un hábito de introducir un momento diario de alegría en tu vida. Busca una experiencia espontánea que saque tu mente de tu agitado día por un momento para que puedas llenar tu alma. Estos pequeños momentos para ti pueden ser antes de ir a la cama o justo después de despertar. Programa cinco, diez o veinte minutos para ti cada día.

Cuando mis hijos eran menores, les decía que necesitaba un tiempo libre. Inicialmente estaban confundidos pero eventualmente entendieron. Imprimí una señal de pare, la corté y le puse una cuerda para colgarla en la puerta de mi habitación cada vez que estaba en "tiempo fuera". Les enseñé que cuando la señal de pare estaba en mi puerta, ese era mi momento de tiempo fuera.

Al principio no les importaba, pero con persistencia y paciencia, terminaron respetando esa señal de pare. Ahora que son mayores, no necesito colgar una señal de pare en la puerta de mi habitación. Ahora conocen mi rutina de tiempo para mí. Me levanto en la mañana, me lavo la cara y voy al sofá de la sala a hacer mis devociones y oración. Cuando mi preadolescente va a la escuela, voy al gimnasio una hora antes de comenzar mi día de trabajo. Antes de ir a la cama, me pongo mis audífonos para hacer mi meditación guiada seguida de oración. Saben que no deben interrumpirme durante mi tiempo para mí y, la mayoría del tiempo, lo respetan.

No puedo decirte suficientes veces cuánta genialidad estos momentos alegres añaden a mi vida. Entre mis momentos tranquilos y ejercicios en las mañanas, me siento energizada y me preparo para enfrentar el día de forma más optimista. No voy a mentirte, hay días en los que no me siento con ganas de buscar momentos alegres, y está bien.

Hago mi mejor esfuerzo de cuidar mi bienestar tanto como pueda, para tener la energía e impulso para hacer lo mejor para mi familia. Cuando me siento bien, estoy en mi mejor estado físico, emocional, mental y espiritual. ¡Considera realmente hacer un hábito de experimentar tu momento de alegría o tiempo para ti, no semanalmente o dos veces al mes, sino todos los días!

Tu cuerpo, mente y alma pueden manejar un máximo de cosas a la vez. Tal vez te consideres una súper-mujer. Y lo entiendo. Me siento igual. Pero por más que creamos que somos invencibles, nuestra energía tiene un límite. Pero, la excelente noticia es que no tienes que quedarte sin brillo. ¡En absoluto! Estas pequeñas experiencias diarias tienen el fin de añadir sentido y descanso a tu vida. Cuando arrancar se ponga difícil, ¡estos momentos alegres te ayudarán a arrancar!

¿Qué puedes hacer en un periodo tan corto que realmente disfrutes? ¿Pintar, dibujar, escribir, leer, tocar un instrumento, yoga, meditación, ejercicio, hacerte las uñas, mirar la puesta del sol, o tal vez algo más? Te animo a abrazar tu momento diario de alegría.

Comenzando hoy, comprométete a experimentar, al menos, un momento de alegría antes de que te vayas a la cama. Nunca te vayas a dormir sin saciar tu sed de alegría. ¡Sí, mereces experimentar alegría cada día!

Para Concluir...

Ser mamá es muy gratificante, pero también puede ser muy estresante y absorbente. Amamos a nuestros hijos y queremos lo mejor para ellos incluso si eso significa renunciar a nuestros deseos y necesidades para cumplir las suyas.

Si no nos tomamos el tiempo de recargarnos y rejuvenecernos, terminaremos sintiéndonos exhaustas o alcanzaremos el agotamiento total. Para ser las mejores mamás que podamos ser, es esencial que nos tomemos el tiempo de refrescarnos y nutrir nuestra mente, cuerpo y alma. ¡Te animo a experimentar un momento de alegría o un tiempo solo para ti todos los días!

> PARA SER LAS MEJORES MAMÁS QUE PODAMOS SER, ES ESENCIAL QUE NOS TOMEMOS EL TIEMPO DE REFRESCARNOS Y NUTRIR NUESTRA MENTE, CUERPO Y ALMA.

Idea 2. Aprende a Manejar tu Estrés. ¡Sí, Tú Puedes!

Aunque un poco de estrés en tu vida no hace daño, altos niveles de estrés sin manejar pueden realmente pasarle factura a tu salud. ¡El estrés puede afectar tu bienestar físico y psico-emocional, de seguro! En el lado físico, investigaciones han mostrado que altos niveles de estrés o ansiedad pueden incrementar el riesgo de enfermedad coronaria, alto colesterol, alta presión arterial, obesidad, deficiencias gastrointestinales, e incluso muerte prematura[28]. ¡Estos son problemas serios!

Del lado psico-emocional, la gente usualmente reporta sentirse irritable, enojada, nerviosa, ansiosa, con falta de interés o motivación, fatiga, abrumada, y deprimida o triste[29]. Da miedo, ¿no?

Aunque no siempre podemos escapar de situaciones estresantes, ciertamente podemos aprender a manejar el estrés para que no se lleve nuestra energía y dicha. Ya que todos percibimos el estrés de diferente forma, es importante que prestemos atención a qué produce nuestro estrés y adoptar estrategias para evitar o manejar la situación de una manera más saludable.

Ten en mente que lo que consideras como una situación estresante podría no ser estresante para otras personas. Y lo opuesto también es cierto. Si alguien te pregunta: "¿Por qué estás tan estresada? ¡Lo que te está pasando no es gran cosa!" No lo escuches. En cambio, sé proactiva y aprende qué puedes hacer para manejar tu estrés. Permíteme compartir contigo tres sugerencias para ayudarte a manejar tu estrés de forma más saludable.

Sugerencia 1. Toma el control de tus reacciones.

A veces las situaciones estresantes y problemas relacionales no pueden ser evitados o están fuera de nuestro control. Lo entiendo. No hace falta decir que el hecho de que la situación esté fuera de nuestro control no quiere decir que no podemos hacer algo al respecto. Ciertamente puedes controlar tu reacción ante la situación.

¿Has estado en una situación en la que tuviste una discusión con alguien, sea un compañero de trabajo, cónyuge o hijo, y terminaste con una migraña, sintiéndote mal del estómago, y molesta por el resto del día? O tal vez, tu hijo llegó tarde a casa por segunda vez en la semana y simplemente perdiste la calma antes de que pudiera decirte que la razón por la que llegó tarde fue porque un policía lo detuvo por tener un faro dañado.

Todos experimentamos situaciones como esta y, honestamente, son bastante estresantes. Yo recomiendo que, antes de pasar mucho tiempo pensando en algo que alguien dijo o hizo, tómate un momento para poner la situación en perspectiva.

Durante una discusión o cuando estás en una conversación acalorada con alguien, tienes que tomar una decisión en fracciones de segundo. Tienes que decidir si la persona, sus palabras o su actitud, dictarán tus reacciones como resultado del desagradable encuentro o no.

En vez de decir: "¡Me estás haciendo molestar!" te animo a ser dueña de tu reacción y pensar así: "No voy a permitir que tus palabras dicten mi reacción, y mucho menos perder el control."

En resumen, somos nosotros quienes decidimos si vamos a permitir que otros controlen nuestras reacciones y estado de ánimo. Ya que eres el modelo a seguir de tu hija o hijo, mantener tu integridad es importante. Sé consciente de las palabras que escojas decir y las acciones que tomes ya que podrían llevar a un resultado fatal o inmanejable.

Digamos que tuviste un día loco en el trabajo. En camino a casa, recoges a tu hijo de la escuela y haces una parada rápida en la tienda de víveres para comprar algunas cosas que necesitas para la cena. Tu hijo se ha estado quejando por tener que ir a la tienda desde que lo recogiste. Pones los artículos en la caja registradora y la cajera ni siquiera reconoce tu presencia.

Al escanear el último artículo, te da el total a pagar que es $21.50. Sin embargo no se establece contacto visual en ningún momento. Estás cansada, muy cansada. Le das $22. O, eso pensaste. Te dice de forma insolente y grosera: "Señora, aún debe 50 centavos. Son $21.50, no $21.00".

En ese momento, tienes que decidir si la actitud de la cajera va a llegar a tus nervios y arruinar el resto de tu tarde, o simplemente salir de la tienda sin permitir que esta mujer dicte tu humor de ese momento en adelante.

Sé que esto puede ser difícil a veces pero, al final del día, tienes que velar por tu bienestar y ser intencional sobre qué permites que influya en tu ánimo y estado mental.

Para resumir, no permitas que otros dicten tu humor, estado mental, o cómo te sientes sobre ti misma. Mientras más controles tus reacciones, menos estrés experimentarás. Similarmente, mientras menos importancia y valor des a los comentarios o reacciones arrogantes de la gente, más feliz serás. Mi consejo para ti es que seas asertiva, no agresiva.

Sugerencia 2. Está bien decir no.
Todos recibimos invitaciones a diferentes compromisos—ser voluntaria en la escuela de tus hijos, hacerte miembro de una organización local, o entrenar el equipo deportivo de tu hijo; todos quieren tu valioso tiempo. Y ni siquiera hemos tomado en cuenta las actividades extracurriculares de tus hijos. No hay suficientes días para mantener todos los compromisos en los que nos metemos. Me parece que "estar ocupada" es un acto glorificado y aceptado como la norma en nuestra sociedad. ¿Soy solo yo? ¿Soy la única que siente que todos están tan ocupados estos días y parecen llevarlo como una medalla de honor?

Queremos ser grandes mamás, contribuyentes productivas de la sociedad, permanecer involucradas y hacer una diferencia. Pero, Dios, nuestros horarios están tan llenos que no nos queda mucho tiempo para recargarnos. Y francamente, si somos honestas con nosotras mismas, la mitad de las cosas que llenan nuestros horarios ni siquiera son cosas que queremos hacer.

Los quejamos de que estamos extremadamente ocupadas y no tenemos tiempo para hacer lo que realmente queremos, lo que me lleva a preguntarme…

1. ¿Por qué tendemos a sobre-comprometernos?

2. ¿Qué vacío estamos tratando de llenar?

3. ¿Qué estamos tratando de lograr sobre-comprometiéndonos?

¿No crees que sobre-comprometerse es un estrés evitable e innecesario en tu vida? Mientras menos comprometida estés, más tiempo tendrás para hacer lo que amas y experimentarás menos estrés. Si has sido infectada por el virus del sobre-compromiso, es hora de echar un buen vistazo al estado de salud de tu horario. Si fueras una médica, ¿diagnosticarías a tu horario como leve, moderada o severamente enfermo? Si tu horario necesita sanación, te animo a tomarte un momento para responder estas preguntas para cada compromiso en el que estés involucrada.

1. ¿Por qué me comprometí a hacer esto?
2. ¿Qué trato de lograr comprometiéndome a esto?
3. ¿Cómo contribuye este compromiso a mi crecimiento personal o profesional o a mi vida familiar?
4. ¿Qué pasará si lo dejo?
5. ¿Vale la pena?

El sobre-compromiso es conocido por incrementar el estrés, la ansiedad y la presión incluso si amas lo que estás haciendo. Si no eres cuidadosa y selectiva con los compromisos que escoges, terminarás sintiéndote agotada y arrepintiéndote del día en que te anotaste para ese compromiso. Probablemente se te ocurran penosas excusas para evadirlo.

A medida que estos compromisos llenan tu horario, hay menos y menos tiempo disponible para aquellos que realmente importan en tu vida. Por defecto, no nacemos para ser Llaneros Solitarios. Estamos diseñados para ser seres sociales que se necesitan unos a otros para llevar vidas plenas. ¿Estos compromisos valen tu aislamiento de aquellos que realmente te quieren? ¿O estarías mejor dejando ir algunos de los compromisos y liberando espacio para aquellos que más te importan?

> MANTENTE ENFOCADA EN LO QUE ES IMPORTANTE PARA TI Y TU FAMILIA, NO EN LO QUE OTROS PUEDAN PENSAR O DECIR.

Al volverte más selectiva con tus compromisos, te animo a alinearlos a tus valores personales y a lo que realmente te importa. No toda invitación es la correcta para ti incluso si parece brillante y tentadora. Si una invitación no va con tus prioridades, no tienes que aceptarla. Mantente enfocada en lo que es importante para ti y tu familia, no en lo que otros puedan pensar o decir. Cuando te desvías de tus valores y metas, te pones en una situación difícil. Y te encontrarás arrepintiéndote de tus decisiones y deseando no haber aceptado esa invitación.

Sé inteligente, piensa con tu cerebro y nunca dejes que el pensamiento engañoso "¿qué pensará la gente de mí?" nuble tu juicio. ¡Mantente enfocada y di no! Mientras más digas no, más fácil es. Permíteme compartir contigo mi mantra cuando se trata de compromisos: *"Si no es un por supuesto que sí, ¡definitivamente es un no!"*

Sugerencia 3. Está bien buscar ayuda profesional.
Si tu estrés obstaculiza tu funcionamiento diario, debes prestar atención a este asunto inmediatamente. A veces el estrés puede ser abrumador al punto de debilitarnos. Y cuando estamos débiles, nos cuesta tomar decisiones correctas y somos más vulnerables a experimentar estrés y ansiedad severos que pueden llevar a problemas más serios.

Si estás en conflicto sobre buscar ayuda profesional, entiendo. Pero quiero que pienses en esto por un momento. Si tuvieras dolores frecuentes de cabeza, no pensarías dos veces visitar a un médico, ¿cierto? Por favor no pienses esto de más. Si es tan intenso que podrías estar desarrollando ansiedad u otros problemas serios, te aliento a no enfrentarlo sola. Investiga tus opciones y decide cuál es la mejor para ti. ¡Está bien buscar ayuda!

Para Concluir...

Al estar constantemente en movimiento, ten cuidado de no enredarte en pequeños detalles. Como mamás, no queremos transferir nuestro estrés a nuestros hijos. Créeme, son muy sensibles sobre nuestro estado mental. Saben cuándo estamos estresadas. Y, sin intención, les transferimos estas vibras. Es por eso que necesitamos identificar qué desencadena nuestro estrés y aprender a manejarlo antes de que pase factura a nuestra salud. Queremos dar ejemplo a nuestros hijos de un estilo de vida más saludable, pero eso empieza con nosotras. Comenzando hoy, comprométete a un estilo de vida más saludable, libre de estrés, donde estés en control de tus reacciones y no dejes que otros dicten cómo te sientes o qué haces.

Terminemos este capítulo con fuerza. Posee estas palabras, "¡Hoy me rescato a mí misma! Ya no permitiré que otros controlen mi horario, mis reacciones, mis emociones, o mis decisiones. Es mi decisión. Quiero ser un ejemplo positivo y transmitir a mis hijos un estilo de vida más saludable. ¡Y comienza por mí!"

¿Cómo te sientes después de recitar estas palabras? ¡Estoy muy orgullosa de ti!

"Sabes que tu vida ha cambiado cuando... ir a la tienda de víveres sola son unas vacaciones."

—AUTOR DESCONOCIDO

8
DESINTOXICAR MI VIDA Y VIVIR PLENAMENTE

"Sal de la historia que te contiene. Entra en la nueva historia que estás dispuesta a crear."

—OPRAH WINFREY

¿Puedes creer que ya estamos en el capítulo 8? Como dicen, ¡el tiempo vuela mientras te diviertes! ¡Pero no hemos terminado! Aún tenemos trabajo qué hacer. Ahora, es hora de reflexionar sobre ti misma. En general, ¿cómo te sientes contigo misma, con tu vida? ¿Vives plenamente? ¿Tienes un sistema de apoyo? Si te toma un tiempo responder estas preguntas, hay una posibilidad de que estés en un estado de emergencia. Así que no hay descansos para ir al baño o dejar el libro para leerlo mañana— ¡tienes que terminar este capítulo hoy!

Hay una razón por la que terminamos siendo mamás ocupadas. Queremos hacerlo todo. En consecuencias, constantemente alternamos entre muchas cosas a la vez. Es probable que tu vida esté llena de responsabilidades, relaciones, y la maternidad. Si quieres convertirte en la mujer que anhelas ser, vivir plenamente y ser el mejor ejemplo que puedas ser para tus hijos, hay algo que debes hacer.

Tienes que desintoxicar tu vida. En este capítulo, comparto contigo tres acciones que puedes tomar hoy para comenzar a desintoxicar relaciones, ordenar tu vida para crear algo de balance, y vivir una vida consciente e intencional.

¿Suena bien? Excelente, ¡comencemos!

Hace algunos años, entendí que tener un sistema de apoyo saludable o círculo íntimo es muy importante. Cuando te rodeas con personas auténticas, optimistas y atentas te llenas de energía positiva. Hay un sentido de garantía cuando tienes personas en tu vida con las que puedes contar para tener apoyo y consejos sólidos, obtener diferentes puntos de vista, y ampliar tu perspectiva.

El efecto opuesto es también cierto. Si te rodeas con personas negativas, te contagiarán de una forma u otra. Puedes luchar contra eso, pero la negatividad siempre encuentra la forma de destruir nuestras almas. ¿Puedes decir que tienes un círculo íntimo saludable? ¿O estás luchando con algunas relaciones tóxicas que absorben tu energía y alegría? Si esta es un área que buscas mejorar, déjame compartir contigo tres sugerencias para ayudarte a desintoxicar tu vida y vivir plenamente.

Sugerencia 1. ¡Desintoxica tu círculo íntimo tan pronto como sea posible!

Comencemos a definir cómo se ve un círculo íntimo. Un círculo íntimo es tu sistema de apoyo—esos individuos en los que puedes contar durante tus días buenos y no tan buenos. Son personas con las que estás cómoda siendo tú misma sin sentir la necesidad de usar máscaras. Y, por supuesto, son amigos o familiares a los que acudes con problemas personales por consejos sensatos.

Es por eso que tu círculo íntimo debe ser saludable para ser real. Un sistema de apoyo saludable nace de desarrollar y nutrir intencionalmente relaciones basadas en la confianza, honestidad, autenticidad y voluntad de dar sin un motivo oculto en mente.

Una investigación[30] ha mostrado que cuando se trata de ser feliz, exitosa y vivir una vida plena, tener relaciones saludables es esencial. Como dice el antiguo dicho: "Se requiere todo un pueblo..." Anhelamos tener conexiones auténticas y saludables con otras personas. Es parte de nuestra humanidad. Si te encuentras en tu mejor momento, disfrutando la gloria y satisfacción de tu éxito, o experimentando desafíos y obstáculos en el camino, tener relaciones auténticas hace nuestro viaje de vida más significativo.

Las conexiones personales son, por lejos, esenciales para nuestra existencia. Puedes tener muchos conocidos en tu vida y miles de amigos en redes sociales, pero solo hace falta una persona auténtica para iluminar tu día. Cultivar relaciones auténticas saludables es parte de nuestro crecimiento personal.

Hay momentos en los que las circunstancias me hacen sentir frustrada o decepcionada. Lo que he encontrado es que cuando me rodeo de aquellos a los que realmente les importo, me llenan de su amor y energía positiva que necesito para seguir adelante.

> POR OTRO LADO, AQUELLOS QUE ESCOGEN REFUGIARSE Y AISLARSE DE OTROS, A MENUDO, ENFRENTAN LAS CONSECUENCIAS DE ESTA ELECCIÓN POCO SALUDABLE.

Por otro lado, aquellos que escogen refugiarse y aislarse de otros, a menudo, enfrentan las consecuencias de esta elección poco saludable. Mientras más te aíslas de otros, más sola te sentirás. Este es un lugar oscuro para estar y no me gustaría que estés ahí. En resumen, cuando recibes deliberadamente a aquellos a los que realmente les importas, desarrollas un fuerte sistema de apoyo basado en la reciprocidad y el respeto.

¿Tienes personas en tu vida que elevan tu presión arterial y te hacen decir cosas que de otro modo no dirías solo porque son quienes son? De una forma u otra, la mayoría de las personas se involucran en relaciones tóxicas. Las relaciones tóxicas pueden drenar tu energía, tiempo y resistencia emocional.

Llamo a las relaciones tóxicas los 'vampiros relacionales'. Estos vampiros te llaman mayoritariamente cuando necesitan un favor. Traen sus problemas a ti esperando que los resuelvas. Y, si no resuelves sus problemas, de repente te señalan como que no eres una amiga "real". Aparecen cuando necesitan algo. Te menosprecian, se burlan de tus sueños y sacan tus defectos para sacarte de quicio. Comen tu comida, beben tu vino y cuando terminan, desaparecen mágicamente de la faz de la tierra hasta la próxima vez.

Por tu propio bien, comenzando hoy, ¡desintoxica tu círculo íntimo dejando ir a los vampiros relacionales de tu vida! Mientras esta gente permanezca cerca, su energía negativa terminará influenciándote de una forma u otra. Las relaciones tóxicas traen estrés y dolor innecesarios a nuestras vidas. Y realmente no necesitas drama complicado en tu vida. El drama de tus hijos es más que suficiente.

Déjame demostrarte esto. Piensa en alguien que conozcas que siempre vea el vaso medio vacío, se queje constantemente, tenga un humor inestable, critique todo y a todos y tenga el don de complicar todo.

¿Tienes a una persona o dos en mente? ¿No te sientes tensa solo imaginando a esta persona en tu cabeza? Aunque esta persona no esté cerca de ti en este momento, solo pensar en ella o él influye en tu humor de forma negativa. Eso es demasiado poder para que una persona lo tenga sobre ti y no es algo bueno.

Entonces, mi pregunta para ti es: ¿Por qué esta persona sigue en tu círculo íntimo? Si tienes vampiros relacionales en tu vida, te animo a dejar ir estas relaciones tóxicas. Si continúas con estas relaciones, probablemente te encuentres exhausta, frustrada y estresada. Sin embargo, si quieres vivir una vida más saludable, alegre y plena, necesitas dejar ir tus vampiros relacionales.

Hace un tiempo, mi esposo Sergio y yo nos tomamos el tiempo de identificar a nuestros vampiros relacionales. Una vez identificados, los sacamos de mi círculo íntimo. Fuimos capaces de dejar ir algunas relaciones de la noche a la mañana, pero otras requerían una transición gradual. Sí, era un proceso un tanto incómodo, pero no nos arrepentimos ni por un segundo. Tomamos la decisión de dejar ir cada relación que consumiera nuestro tiempo y energía de una manera negativa y egoísta. Si tuvimos las agallas para hacerlo, ¡tú también puedes!

Un sistema de apoyo saludable no se basa en conveniencia o intenciones ocultas. Pero tienes que tomarte el tiempo de desarrollar estas relaciones. Soy muy selectiva cuando se trata de mis relaciones. No quiero invertir mi tiempo, energía y amor en alguien que sea indiferente o tóxico. Mi tiempo es precioso y limitado, igual que el tuyo. Tiendo a gravitar hacia aquellos que tienen valores, creencias o intereses similares a los míos.

> AL RODEARTE DE PERSONAS MARAVILLOSAS QUE TE ELEVEN Y NO TE MENOSPRECIEN, TU VIDA ADQUIERE PROPÓSITO Y VALE LA PENA VIVIRLA.

Al rodearte de personas maravillosas que te eleven y no te menosprecien, tu vida adquiere propósito y vale la pena vivirla. Estas relaciones nos ayudan a experimentar el mundo de una forma solidaria, sincera y genuina. También traen perspectiva y claridad a nuestra vida. Sin relaciones saludables y auténticas, nos encontramos enfrentando solas al mundo.

¿Estás invirtiendo en un sistema saludable de apoyo emocional? Si tu respuesta es no, déjame compartir contigo dos tips para que comiences a avanzar en invertir en las personas adecuadas.

Tip 1. Identifica a aquellos individuos a tu alrededor que sean tóxicos y comienza el proceso de eliminación.

Entiendo que hay algunos vampiros relacionales que simplemente no puedes dejar ir. Algunos viven contigo, otros se sientan en un cubículo junto al tuyo en la oficina o tal vez otros sean parientes de sangre. Créeme, exponerlos a la luz del sol, cruces de plata o usar estacas de madera no me ha funcionado. Pero tú puedes, sin embargo, establecer límites claros y decidir cuánto tiempo dedicarás a la relación.

Si te llaman, no tienes que contestar cada llamada de ellos. Que sea o no un buen momento para hablar por teléfono es irrelevante. Gracias a Dios por funciones como silenciar y el correo de voz. No tienes que contestar sus textos a menos que pienses que es necesario. Y no tienes que aceptar cada invitación que te llegue. No hay necesidad de sentirse culpable por no responder o devolver la llamada de inmediato. ¡Está bien!

Tip 2. Identifica individuos a tu alrededor que sean auténticos e invierte en su amistad.

Si quieres disfrutar los beneficios de un círculo íntimo saludable, tienes que trabajar en eso. Como mamá de una preadolescente y un adolescente, sé que lo último para lo que tenemos tiempo es socializar o salir con amigas. ¡Entiendo! Me ha tomado algunos años seleccionar a las personas de mi círculo íntimo. Pero, al mismo tiempo, veo un patrón.

Cuando se trata de personas en mi círculo íntimo, puedo decirte que hemos conectado desde el momento en que nos conocimos. No nos volvimos amigas de la noche a la mañana. Sin embargo, hubo una chispa y energía positiva de nuestra primera conversación. Honestamente, mi círculo íntimo es bastante pequeño, y está bien. Como compartí antes, la cantidad no importa tanto como la calidad de estas relaciones.

Cultiva amistades sin tener un motivo oculto en mente. Cuando hagas esto, verás cómo las relaciones evolucionan orgánicamente. No sugiero que comiences comprando regalos, asechando, persiguiendo a la gente, o bombardeándoles con textos. En cambio, cada tanto, envía palabras de ánimo o apoyo por email o texto. Mensajes simples como: "Te deseo suerte" o "¡Ten un gran día!" pueden hacer prosperar las relaciones. Cuando tu horario lo permita, reúnanse en un café y dejen que la relación tome su curso.

Después de desintoxicar mi círculo íntimo, terminé casi sin amigos. No bromeo. Tuve que comenzar a hacer nuevos amigos y añadirlos selectivamente a mi círculo íntimo. No puedo hacer suficiente énfasis en que se trata de la calidad, no la cantidad. Prefiero tener un círculo interno de tres o cuatro amigos auténticos, atentos, sabios y amables que un montón de vampiros relacionales que solo traen un falso sentido de amistad a mi vida.

En resumen, las buenas relaciones nos mantienen más felices y más saludables. Cuando desintoxicas tu círculo íntimo e inviertes en un sistema saludable de apoyo con el que puedas contar durante momentos difíciles puedes desarrollar resiliencia al estrés. Hay algo de magia sobre tener un sistema saludable de apoyo que tiene el potencial de tranquilizar nuestra mente y alma. En vez de enfrentar a tus factores estresantes sola, puedes acudir a tu círculo íntimo, compartir tus preocupaciones, problemas y experiencias con ellos.

Para Concluir...

Invertir tiempo y energía en las personas correctas se siente bien y es saludable. En la misma moneda, disolver relaciones tóxicas en tu vida se siente como quitar un peso de tus hombros. ¡Es simplemente liberador! Hay un sentimiento asombroso de alivio cuando puedes sacarte algo del pecho, aprende cómo otros han podido conquistar los mismos problemas que ahora enfrentas sin ser juzgados o etiquetados, y obtén una variedad de perspectivas antes de tomar una decisión importante.

También hay un sentido de paz cuando te dicen las palabras adecuadas en el momento adecuado. Al final del día, eres tú quien decide quién estará en tu círculo íntimo. Te animo a que seas selectiva y consciente sobre tus relaciones.

Sugerencia 2. Analiza y filtra la fuente antes de aceptar cosas.

No sé si has experimentado esto antes, pero he conocido personas que aman emitir comentarios u opiniones no solicitadas. Hay momentos en las que son constructivas y fructuosas, pero otras pueden ser destructivas e indeseables. ¡La gente simplemente ama compartir sus opiniones! Como sabrás, mi esposo y yo tenemos un hijo adolescente y una hija preadolescente. Todavía algunas personas preguntan cuándo vamos a tener otro hijo. ¡Dios santo!

En mi experiencia, hay personas que son *auténticas y totalmente reales*. Muestran cuidado, compasión, honestidad y tienen un deseo legítimo de ayudarte y verte feliz. Te aman y te aceptan tal como eres. Algunos podrían estar en el lugar que tú quieras estar, han caminado en tus zapatos o realmente tienen tus mejores interese en mente.

Y, están aquellos que disfrutan compartir sus opiniones pesimistas sin sentido. Algunos podrían creer que te están ayudando, pero realmente aplastan tu alma. Otros simplemente no tienen tus intereses en mente y no les podría importar menos si lastiman o no tus sentimientos. ¡Aquellos que dicen que eres un fracaso o que nunca podrás criar hijos decentes! Por si fuera poco, tienes a aquellos que viven rodeados de una nube gris y te llenan de su energía negativa a propósito. Aquellos que siempre ven el vaso medio vacío y creen que no hay esperanza para este mundo.

Aquí estás, siendo bombardeada con consejos y comentarios de personas y tratando de resolver qué hacer con ellos. ¿Debería creerle a Suzy cuando me dice una y otra vez que no debería pensar en obtener una carrera en este momento de mi vida? ¿Debería aceptar las constantes críticas de mi suegra? ¿Realmente no estoy apta para ser una madre como mi madre dice continuamente? Cuando se trata de aceptar o rechazar las opiniones de otros, permíteme darte dos tips:

Tip 1. Sé selectiva y escoge sabiamente.
Busca y solo considera el consejo y opiniones de personas auténticas a las que realmente les importes. Considera el consejo de aquellos que hayan llegado al lugar donde quisieras estar. Ellos parecen ver el panorama completo y se enfocan en las posibilidades.

Pregúntate: "¿Es esta mujer la madre que yo quisiera ser?" Si la respuesta es no, quizás no sea la mejor persona para darte consejos de maternidad, incluso si es tu madre o tu suegra.

Tip 2. Nunca internalices las palabras de otros sin analizar y filtrar la fuente primero.
Te animo a nunca aceptar o internalizar palabras negativas y antagónicas que te digan. ¿El comentario viene de una persona tóxica? Entonces etiquétalo como comentario tóxico. Si esta persona es cercana a ti o no, es irrelevante. ¿Vienen estas palabras tóxicas de tu pareja, madre o madre, compañero de trabajo o un extraño? Realmente no importa. Etiquétalas como tóxicas y procésalas como tal. De nuevo, no hay necesidad de sentir culpa. Tienes que protegerte para poder tener un estado mental saludable para cumplir las necesidades de tu familia.

Ten en mente que tu energía se basa en tus estados mentales, emocionales y físicos. Si aceptas toxicidad en tu vida, terminarás envenenando tu yo interno y transmitiendo esta negatividad a tus hijos. Créeme, pueden sentir tu energía y puede afectarles en muchas maneras. Exploremos esto juntos.

Tu compañera de trabajo te dice que no estás apta para el trabajo y le crees. Te dices: "Después de todo, ella ha estado más tiempo aquí que yo". En camino a casa, comienzas a pensar sobre lo que dijo tu compañera mientras ensayas sus palabras una y otra vez en tu cabeza. Por supuesto, estas palabras vinieron de una compañera y no de alguien con autoridad.

No obstante, terminas dudando de ti y afligiéndote. Ahora tu mente está llena de pensamientos negativos y dudas. Al entrar a tu casa, saludas a tu hija y lo primero que dice es: "¿Te pasa algo, mamá?" Inmediatamente siente que algo está mal. Todo esto pasó porque escogiste creer las palabras de tu compañera.

Pensemos en esto por un minuto. ¿Está tu compañera en una posición de liderazgo? Posiblemente no. ¿Está calificada para evaluar tu rendimiento? ¡Lo dudo! ¿Tiene tus intereses en mente? Tal vez sí, tal vez no. ¿Vale la pena dejar que esta situación te afecte y arruine el resto de tu tarde?

Dime tú. La próxima vez, antes de internalizar un comentario u opinión de quien sea, te animo a analizar y filtrar la fuente primero. No dejes que otros dicten tu humor, estado mental o valor propio.

Por otra parte, si el comentario u opinión viene de alguien que haya demostrado que le importas y quiere verte crecer, o si encuentras un patrón en el que algunas personas te siguen diciendo lo mismo, considera el consejo. Hay personas que realmente se preocupan por ti y tu bienestar. Y están aquellas que realmente saben de lo que están hablando. Al final del día, tú decides si quieres considerar y usar su consejo. Como algunos dicen, ¡es sabio aprender de los errores de otros!

> AL FINAL DEL DÍA, TÚ DECIDES SI QUIERES CONSIDERAR Y USAR SU CONSEJO.

Para Concluir...

Todos somos bombardeados con comentarios solicitados y no solicitados. A veces recibimos comentarios que cambian nuestra vida mientras otras veces son comentarios inútiles.

Comenzando hoy, antes de internalizar las palabras de otros, primero decide si la persona se ha ganado tu respeto, atención y consideración.

De otro modo, etiqueta el comentario como tóxico y trátalo como tal. No comerías huevos revueltos podridos incluso si los sirve un chef mundialmente reconocido en una elegante bandeja de plata, ¿verdad? Lo mismo aplica para comentarios de otros. Sé cuidadosamente selectiva sobre a quién eliges para influenciar tu vida.

Sugerencia 3. Encuentra el balance entre familia y carrera que tenga sentido para ti.

Una de mis clientes me dijo: *"Quiero dedicar más tiempo a mi familia pero también quiero crecer profesionalmente. ¡Se está volviendo muy complicado! Entre estar al día con el horario ocupado en el trabajo, llevar a mis hijos a la escuela y actividades extracurriculares, simplemente no tengo suficientes horas en un día para hacerlo".*

¿Suena familiar? Oímos una y otra vez comentarios sobre balancear nuestra vida familiar y carrera. Pero ¿qué significa eso? ¿Hablamos de dedicar 50% de nuestro tiempo a la familia y 50% a desarrollar nuestra carrera? ¿Es eso posible? ¿Es eso realista? Quizás tu vecina *la Perfecta Jenny* puede lograrlo pero, para el resto de nosotras, el enfoque 50/50 es totalmente imposible y, francamente, ¡irreal!

Comencemos por clarificar a lo que no me refiero cuando hablo de un balance saludable. No hablo de poner las circunstancias de tu familia en un lado de la balanza y tu carrera del otro para que estén igualmente distribuidas en ambos lados. La verdad es que ambos lados se entrelazan y uno afecta al otro.

Encontrar un balance saludable es algo que solo tú puedes definir. Lo que parece un balance saludable para mí, podría no estar ni cerca de lo que un balance saludable podría parecer para ti. La clave es tomar tiempo para reflexionar y decidir dónde invertirás tu tiempo, energía y esfuerzo y estar dispuesta a asumir el balance como cambiable basándote en la temporada que vivas en vez de verlo como un concepto fijo de 50/50. Ya que en este capítulo estoy muy a favor de compartir tips, considera estos cuatro para ayudarte a encontrar tu balance entre trabajo y familia:

Tip 1. Define qué es importante para ti.
Antes de concluir que esta sugerencia es egoísta o egocéntrica, por favor escúchame. La mayoría de nosotras tenemos montones de responsabilidades y, por momentos, se siente como si no hubiera suficientes horas en un día para lograr todo lo que necesitamos hacer. Pero, si te tomas un tiempo para resumir lo que haces cada día y cuánto tiempo asignas a cada cosa que haces, entenderás que a menudo gastamos tiempo en cosas que no son importantes, y por ende no hacen una diferencia en nuestra vida ni en la de los que nos rodean.

Tal vez revisar tus redes sociales te tome mucho tiempo y ni siquiera lo sabes. O, ver episodios seguidos de ese programa de televisión con el muchacho inglés sexy realmente te atrapa hasta el punto de perder la noción del tiempo.

Una vez que identificas lo que es importante para ti (ejemplo, fortalecer mi relación con mi pareja o mi adolescente, llevar comida a la mesa, avanzar en mi carrera, etc.), tus acciones y decisiones deberían enfocarse en lograr tus metas. Escoge invertir tu tiempo, esfuerzo y energía en lograr lo que es importante para ti. Como resultado, comenzarás a valorar esto como ventaja, experimentarás más balance y paz mental.

Tip 2. Presiona el botón de apagado más seguido.
Constantemente tomamos decisiones; personales, familiares, profesionales y financieras, por mencionar algunas. Pero una de las mejores decisiones que he tomado es cuidar de mí misma para poder optimizar la forma en que crío a mis hijos y poder hacer un mayor impacto en sus vidas. Hay muchas formas de tomar decisiones saludables, ¿cierto?

Adoptar hábitos alimenticios saludables y ejercitarse regularmente son las elecciones más comunes porque estas dos tienen un enorme impacto en tu cuerpo. Simples hábitos buenos pueden también hacer una enorme diferencia en nuestras vidas. Un poderoso hábito, aunque simple, es presionar el botón de apagado más a menudo. Lo llamo "desintoxicación de pantallas".

Esto involucra no revisar redes sociales, no leer emails, no responder textos o mensajes en redes sociales por una hora o dos cada día. Te reto a hacer lo impensable, ¡presionar el botón de apagado más seguido! Se siente genial no escuchar notificaciones de redes sociales o sitios web, mensajes de texto o alertas de email por un rato. A menudo, estas notificaciones añaden estrés innecesario a nuestra vida. En cambio, disfruta una conversación con tu preadolescente o adolescente, o llama a una amiga con la que no hayas hablado en un tiempo.

Hoy en día, las personas se vuelven más dependientes de sus pantallas, se trate de un teléfono, tablet, o emails. Hace un tiempo, mi esposo y yo salimos a desayunar a un restaurant cercano. Como compartí antes, nuestra regla es no tener ningún dispositivo en la mesa. La misma regla aplica a cuando salimos a comer. A menos que sea una reunión de negocios, ya que somos compañeros de negocios, no sacamos nuestros teléfonos en restaurantes. Aunque admito que a veces tenemos que recordarnos el uno al otro esta regla cuando salimos (¡normalmente soy yo la que lo recuerda!).

Mientras esperamos nuestra comida, miro a mi alrededor y veo a la mayoría de las personas con sus teléfonos. Algunos escribiendo, otros navegando, y otros tantos jugando videojuegos. Tristemente, no muchas personas realmente estaban teniendo una conversación. Pensé: ¿Qué nos está pasando? ¿En qué nos estamos convirtiendo? ¿Qué les pasó a las conversaciones personales y a las conexiones humanas?

Mientras disfrutábamos nuestro desayuno, mi esposo y yo hablamos de esta nueva realidad y de cómo debemos deliberadamente controlarnos antes de que esta nos controle a nosotros. Hablamos de algunos buenos hábitos que podemos adoptar para que las pantallas no se metan entre nosotros, o entre nosotros y nuestros hijos.

Por ejemplo, prometí silenciar y no usar el teléfono durante los juegos de fútbol de mi hijo o cualquier evento de mis hijos. También prometí ser consciente y disfrutar estos momentos sin la distracción de dispositivos electrónicos.

Te reto a desintoxicarte de tus pantallas cada día y ser consciente para que también puedas disfrutar el momento.

> TE RETO A DESINTOXICARTE DE TUS PANTALLAS CADA DÍA Y SER CONSCIENTE PARA QUE TAMBIÉN PUEDAS DISFRUTAR EL MOMENTO.

Los hábitos saludables nos mantienen en un lugar saludable. Y cuando estamos en un lugar saludable, podemos vivir y transmitir a nuestros hijos un estilo de vida saludable.

Tip 3. Sé selectiva.

Como recordatorio, ¡quisiera comenzar diciendo que está bien decir no! Si alguien te dijo en el pasado que decir no es grosero, ¡no lo creas! Si pasas tiempo haciendo cosas aquí y allá y te mantienes ocupada, pero te descuidas a ti misma y a tus seres queridos y no vives plenamente, eso no es un balance saludable.

Balancear tu familia y tu trabajo no es fácil. De nuevo, no es un corte 50/50 donde el 50% es invertir en tu vida y familia y el otro 50% es para lograr tus metas profesionales. Se trata de encontrar paz interna con cómo manejas e inviertes tu vida, aceptando que cada temporada en la vida tiene su propio foco, y que lo que hoy es imperativo podría no ser tan importante en algunos meses. Si no te enfocas en lo que es importante ahora mismo, el balance es una ilusión.

Al comenzar a ver el tiempo como un activo, lo protegerás sabiamente. Esto significa que no dirás que sí a cualquier invitación que recibas de otros. ¡Tienes que ser selectiva! Mide la inversión y los beneficios de cada invitación o compromiso.

¿Qué impacto tendrá este compromiso en la vida de mi familia? ¿Asistir a este evento me hará crecer personal o profesionalmente? ¿Hará una diferencia en mi vida o las vidas de otras personas? ¿Vale la pena? Al volverte más selectiva, comenzarás a diferenciar entre qué es importante, qué puede esperar, y qué definitivamente no lo es.

Tip 4. Refina el balance basándote en tu temporada actual. Disfrutar del balance en tu vida tiene que ver con la forma en la que inviertes tu tiempo, energía y esfuerzo durante tu actual temporada en tu vida, el impacto que esta inversión tiene en ti y en otros, y si estás experimentando la paz interna que viene con hacer lo correcto.

Cuando estaba terminando mi doctorado, mi hijo tenía tres años y mi hija estaba recién nacida. Trabajaba a tiempo completo y tenía carga completa en la escuela. Durante esos años, mi prioridad era cuidar de mi familia tanto como pudiera, trabajar y completar el trabajo de escuela para poder graduarme.

Mi esposo era maravilloso. Realmente asumió todo lo relacionado con nuestros hijos para que yo pudiera hacer espacio en mi horario para hacer mi trabajo de la escuela. En mi caso, tenía que reducir el tiempo que pasaba con mis hijos porque tenía que concentrarme en completar mi grado. Por un tiempo, la culpa me devoraba. Ahí estaba, una madre de un niño de 3 años y una recién nacida trabajando a tiempo completo y yendo a la escuela. No tenía mucho tiempo para pasar con mis hijos. Ahí aprendí sobre el balance basado en las temporadas de la vida.

Verás, mi esposo y yo decidimos obtener los más altos grados académicos en nuestros campos profesionales. Tomamos turnos y el obtuvo su Máster en Bellas Artes primero. Para hacer esto, tuvimos que hacer sacrificios temporales como pasar menos tiempo juntos, hacer un lado las reuniones familiares y sociales, rechazar varios compromisos, y un padre tenía que asumir las necesidades de los niños para que el otro pudiera concentrarse en la escuela. Como podrás imaginar, no había un tipo de balance equitativamente distribuido en nuestras vidas. Durante esa temporada, cada uno dedicaba más tiempo a su educación y menos tiempo a nuestra familia.

Durante mi primer año, sentí que mi familia y mi carrera estaban desbalanceadas y derrumbándose. Poco después, entendí que hay tiempos en los que tenemos que hacer sacrificios temporales por el bienestar de nuestra familia. Acepté esto como una temporada transitoria.

Después de terminar mi doctorado, pude pasar más tiempo con mis hijos otra vez. No recuerdan mucho esta temporada de nuestra vida familiar, Pero aprendí a no sentir culpa cuando hago sacrificios temporales para mi crecimiento y el bienestar de la familia. Solo sé consciente de que estás manteniendo estos desbalances temporalmente para que no se conviertan en la norma en tu vida.

Para Concluir…

Sin importar dónde estés en tu viaje, tómate el tiempo de identificar y acoger lo que sea importante para ti, invertir en tu bienestar, ser selectiva, priorizar, decir no cuando sea necesario y refinar tu balance basándote en tu temporada actual. No hay necesidad de sentir culpa cuando tu tiempo, energía y esfuerzo tienen que estar enfocados en una meta específica por una temporada. Ten claro que este es un desbalance temporal y que eres consciente y proactiva sobre no descuidar a las personas que te importan.

"Ser madre es aprender de las fortalezas que no sabías que tenías… y lidiar con miedos que ni siquiera sabías que existían."

—AUTOR DESCONOCIDO

Pensamientos Finales
LAS MAMÁS SIMPLEMENTE NO SE RINDEN.

"Siempre apunta alto, trabaja duro, y que te importe profundamente en lo que creas. Y, cuando tambalees, mantén la fe. Y, cuando seas derribada, levántate de inmediato y nunca escuches a nadie que te diga que no puedes o no deberías continuar."

—HILLARY CLINTON

¡Oh, qué viaje tan maravilloso ha sido! ¿No crees? Has sido desafiada, has reído, llorado, cambiado algunos hábitos y adoptado un estilo de crianza más saludable. Has estado probando diferentes maneras de mantenerte conectada con tu preadolescente o adolescente y espero que esta relación se fortalezca día a día.

Has llegado muy lejos y tengo el honor de caminar contigo durante tu viaje. No solo has descubierto muchas cosas nuevas sobre tu hija o hijo y tú, sino que también afirmaste algunas que cosas que has estado haciendo muy bien. ¡Bravo! Has sido tan persistente y dispuesta a cambiar algunas cosas en tu estilo de crianza para poder ser una mejor mamá para tus hijos. También te has tomado el tiempo de leer este libro y completar las preguntas y ejercicios del cuaderno de trabajo que lo acompaña. ¡Bien hecho!

Pero tú y yo sabemos que este viaje no ha terminado aún. Aún hay mucho por hacer, mantener y mejorar. Ten en mente que los años preadolescentes y adolescentes son complejos. Entre los cambios físicos, emocionales y sociales que experimentan nuestros hijos, las influencias externas contradictorias y la presión de grupo, están en la desesperada necesidad de nuestro consejo y dirección.

Si nuestros hijos van a volverse adultos confiados, independientes, honestos y felices, nunca debemos dejar de estar conectadas e involucradas en sus vidas para que podamos proveer la orientación que necesitan durante esta desafiante etapa de la vida.

El conocimiento sin acción no te llevará lejos. Comienza estableciendo una meta de crianza a la vez. Enfócate en un área que quieras mejorar con tu hija o hijo y trabaja hacia lograr esa meta. Una vez que la logres, ¡celebren juntos! Luego, establece otra meta y enfócate en lograr esa meta específica. Si estableces muchas metas a la vez, probablemente te sentirás abrumada y terminarás logrando poco. Ten en cuenta que los cambios toman tiempo, energía y esfuerzo.

Este mundo está lleno de ruidos, presiones e influencias. A pesar de todos esos obstáculos, ciertamente puedes influenciar, empoderar y mantenerte conectada con tu hija o hijo. Sé intencional, consistente, y nunca te des

> ESTE MUNDO ESTÁ LLENO DE RUIDOS, PRESIONES E INFLUENCIAS. A PESAR DE TODOS ESOS OBSTÁCULOS, CIERTAMENTE PUEDES INFLUENCIAR, EMPODERAR Y MANTENERTE CONECTADA CON TU HIJA O HIJO.

por vencida. Presta atención, está presente y disfruta cada momento. Prométeme que cuidarás bien de ti para que puedas dar lo mejor de ti para tu familia. Lo que es más importante, sonríe más a menudo, has el baile feliz, sé buena contigo misma, y permítete vivir plenamente.

¡Tu mereces ser feliz! Si te sientes abrumada, tus preocupaciones son incontrolables, experimentas un nivel de estrés que afecta a tu vida diaria, por favor no lo pienses dos veces. Está bien buscar ayuda profesional.

Sabes, esto no es un adiós. ¡Realmente me gustaría seguir en contacto contigo! Te invito a visitar mi sitio web www.DrYaninaGomez.com para aprender más acerca de mis servicios y recursos de coaching de crianza, diseñados pensando en ti.

Mientras estés ahí, suscríbete a las actualizaciones de crianza y bienestar que son enviadas directo a t bandeja de entrada para que te mantengas informada sobre eventos futuros de crianza y bienestar. Gracias por tomarte el tiempo de leer mi libro, estoy ansiosa de leer tu historia y cómo este libro ha afectado tu estilo de crianza y la relación con tu hija o hijo. Escríbeme un email a info@DrYaninaGomez.com.

REFERENCIAS

Capítulo 1

1. Harmon, K. (2010). How important is physical contact with your infant? Scientific American. Recuperado de https://www.scientificamerican.com/article/infant-touch/
2. Carroll, J. E., Gruenewald , T.L., Taylor, S. E , Janicki-Deverts, D., Matthews, K. A., & Seeman, T. E. (2013). Childhood abuse, parental warmth, and adult multisystem biological risk in the coronary artery risk development in young adults study. *PNAS, 110* (42), 17149-17153. Recuperado de http://www.pnas.org/content/110/42/17149.abstract
3. Narvaez, D., Wang, L., & Cheng, Y. (2016). The evolved developmental niche in childhood: Relation to adult psychopathology and morality. *Journal Applied Developmental Science, 20* (4), 294-309. Recuperado de http://www.tandfonline.com/doi/full/10.1080/10888691.2015.1128835
4. U.S. Department of Health & Human Services, Office of Adolescent Health (2016). Adolescent mental health disorders. Recuperado de https://www.hhs.gov/ash/oah/adolescent-development/mental-health/mental-health-disorders/index.html#_ftn1.
5. Festini, Sara, B., McDonough, I. A., & Park, D. C., (2016). The Busier the Better: Greater Busyness Is Associated with Better Cognition. *Frontiers in Aging Neuroscience, 17.* Recuperado de http://journal.frontiersin.org/article/10.3389/fnagi.2016.00098/full.

6. American Psychological Association (2014). Stress in America study. Recuperado de: http://www.apa.org/news/press/releases/stress/2014/stress-report.pdf.
7. Payne, K. J. & Ross, L. A. (2010). *Simplicity parenting: Using the extraordinary power of less to raise calmer, happier, and more secure kids.* New York, NY: Ballantine Books.
8. Common Sense Media (2016). Common Sense report finds tech use is cause of conflict, concern, controversy. Recuperado de: https://www.commonsensemedia.org/about-us/news/press-releases/new-report-finds-teens-feel-addicted-to-their-phones-causing-tension-at.

Capítulo 2

9 & 10. Simpson, A. R. (2001). *Raising teens: A synthesis of research and a foundation for action.* Cambridge, MA: Harvard School of Public Health. Recuperado de http://hrweb.mit.edu/worklife/raising-teens/pdfs/raising_teens_report.pdf.
11. Diccionario Merriam-Webster https://www.merriam-webster.com/.

Capítulo 3

12. Markham, Laura (2012). *Peaceful parent, happy kids: How to stop yelling and start connecting.* Nueva York, NY: Penguin Group.

Capítulo 4

13. Nauert, R. (2015). Most Teenage Mood Swings Gradually Stabilize. *Psych Central.* Recuperado de https://psychcentral.com/news/2015/10/16/most-teenage-mood-swings-gradually-stabilize/93561.html
14. Shallcross, L. (2015). Young Teens Suffer Most from Turbulent Mood Swings. *National Public Radio.* Recuperado de http://www.npr.org/sections/health-shots/2015/10/14/448658923/younger-teens-suffer-most-from-turbulent-mood-swings

15. Bellows, A. (2016). Your Teen's Search for Identity. *Psych Central*. Recuperado de https://psychcentral.com/lib/your-teens-search-for-identity/
16. McNeely, C., & Blanchard, J. (2010). *The Teen years explained: A guide to healthy adolescent development*. Baltimore: Center for Adolescent Health, Johns Hopkins Bloomberg School of Public Health. Recuperado de https://www.extension.umn.edu/family/families-with-teens/resources-parents/whats-normal-for-adolescente-development/identity/

CAPÍTULO 5

17. American Academy of Child & Adolescent Psychiatry (2012). Peer Pressure. Recuperado de: http://www.aacap.org/aacap/families_and_youth/facts_for_families/FFF-Guide/Peer-Pressure-104.aspx
18 & 20. Common Sense Media (2015). The Common Sense Census: Media used by tweens and teens. Recuperado de: https://www.commonsensemedia.org/sites/default/files/uploads/research/census_executivesummary.pdf
19. da Silva, Julia (2015). Children and electronic media: How much is too much. American Psychological Association. Recuperado de http://www.apa.org/pi/about/newsletter/2015/06/electronic-media.aspx
21. Carter B, Rees P, Hale L, Bhattacharjee D, & Paradkar MS. (2016). Association Between Portable Screen-Based Media Device Access or Use and Sleep Outcomes: A systematic review and meta-analysis. *JAMA Pediatrics*.
22. American Psychological Association (2014). Stress in America study: Are teens adopting adults' stress habits? Recuperado de: http://www.apa.org/news/press/releases/stress/2013/stress-report.pdf
23. John Hopkins Medicine (2014). Meditation for Anxiety and Depression? Recuperado de: http://www.hopkinsmedicine.org/news/media/releases/meditation_for_anxiety_and_depression

Capítulo 6

24. Weissbourd, R. (2009). Why Teaching Values Isn't Enough: Helping children develop a moral identity. Psychology Today. Recuperado de https://www.psychologytoday.com/blog/the-parents-we-mean-be/200906/why-teaching-values-isnt-enough
25. Parker, K. (2014). Families may differ, but hey share common values on parenting. Pew Research Center. Recuperado de http://www.pewresearch.org/fact-tank/2014/09/18/families-may-differ-but-they-share-common-values-on-parenting/
26. Tiret, Holly (2015). Helping teens learn independence and responsibility: Part 1. Michigan State University Extension. Recuperado de http://msue.anr.msu.edu/news/helping_teens_learn_independence_and_responsibility_part_1
27. Ramsey, D. How to teach teenagers about money. Recuperado de https://www.daveramsey.com/blog/teach-teenagers-about-money.

Capítulo 7

28. Richardson S, Shaffer J.A., Falzon L, Krupka D, Davidson KW, Edmondson D. (2012, December 12). Meta-analysis of perceived stress and its association with incident coronary heart disease. The American Journal of Cardiology, Vol 110(12). 1711-1716.
29. American Psychological Association (2014). Stress in America study. Recuperado de: http://www.apa.org/news/press/releases/stress/2014/stress-report.pdf.

Capítulo 8

30. Waldinger, R. (ongoing) Harvard Study of Adult Development (Second Generation). Harvard Medical School. Recuperado de http://www.adultdevelopmentstudy.org

RECURSOS

Programa: Las Mamás No se Rinden Programa de Crianza Consciente*

En este programa online de coaching, La Dra. Yanina ofrece apoyo individualizado a mamás interesadas en implementar más en profundidad y personalizar las estrategias enseñadas en este libro. La Dra. Yanina provee orientación y asistencia al ayudar a mamás a crear planes de acción a la medida de sus necesidades específicas. También las ayuda a (1) desarrollar una conexión más saludable y fuerte con su preadolescente/adolescente y (2) enseñar, empoderar y preparar a su preadolescente/adolescente a tener éxito. Estas sesiones se ofrecen en grupos pequeños. Para más información, por favor visita nuestro sitio web en www.DrYaninaGomez.com.

Charla: Desarrollar una Conexión más Saludable y Fuerte con mi Preadolescente/Adolescente*

Como madres, queremos tener relaciones fuertes con nuestros hijos. Queremos ser sus mayores apoyos e influencias. Después de todo, sabemos qué es lo mejor para ellos. Cuando entran en los años preadolescentes y adolescentes, algunos de repente comienzan a desconectarse de sus padres. Mamá y papá tienen en su poder la habilidad de evitar o enmendar este resultado. Para hacerlo, deben desarrollar y mantener relaciones saludables con su hija o hijo estando presentes, fomentando la comunicación abierta y la escucha intencional.

En esta charla de 90 minutos, la Dra. Yanina comparte cuatro poderosas estrategias para permanecer conectada con tu hija o hijo de una forma más auténtica. También comparte ejemplos personales y numerosos tips e ideas para ayudar a padres a implementar estas estrategias de una forma práctica. Concluye su charla compartiendo con la audiencia algunos tips para ayudarles a priorizar e invertir en su bienestar personal. Para contratar a la Dra. Yanina, por favor escríbanos a info@DrYaninaGomez.com.

Charla: Enseñar, Empoderar y Preparar a mi Preadolescente/Adolescente a Tener Éxito*

Más que nunca, los preadolescentes y adolescentes tienen fácil acceso a información ilimitada con el toque de un botón. De cientos de plataformas de redes sociales, fácil acceso ilimitado a contenido inapropiado, mensajes falsos y contradictorios de los medios y la presión de grupo, estos jóvenes están en necesidad desesperada de dirección sólida y apoyo de sus padres.

En esta charla de 90 minutos, la Dra. Yanina comparte con los asistentes estrategias para ayudar a sus jóvenes a navegar y tener éxito en esta desafiante etapa del desarrollo a pesar de los ruidos que compiten por su atención. Se enfoca en la disciplina saludable, ayudar a tu hija o hijo superar las montañas rusas emocionales, ayudar a tu hija o hijo a filtrar las influencias y presiones externas y enseñar y poner en práctica valores, responsabilidad e independencia. Concluye su charla compartiendo con la audiencia algunos tips para ayudarles a priorizar e invertir en su bienestar personal. Para contratar a la Dra. Yanina por favor escríbanos un email a info@DrYaninaGomez.com.

Charla: Impulsando la Autoconfianza de mi Hija o Hijo: Útiles Tips para Madres y Padres de Niños y Niñas en Edad Escolar*

Como madres, queremos lo mejor para nuestros hijos. Después de todo, ¡significan el mundo para nosotros! Queremos criar miembros confiados, exitosos, independientes, compasivos e integrales de la sociedad. Pero ¿estamos enseñando de forma no intencional a sentirse con derecho a todo pensando que estamos cultivando su confianza? En esta charla de 60 minutos, la Dra. Yanina comparte con padres lo que se debe y no se debe hacer para criar a una hija o hijo confiado sin promover la arrogancia y el sentirse con derecho. Los padres saldrán con estrategias efectivas que pueden empezar a implementar de inmediato para ayudar a sus hijos a prosperar de una manera más saludable. Para contratar a la Dra. Yanina, por favor escríbenos un email a info@DrYaninaGomez.com.

Blog: ¡Las Mamás No se Rinden! *Recursos de Crianza para la Mamá Ocupada*
En este blog, la Dra. Yanina comparte consejos para ayudarte a abordar problemas en la disciplina, cambios de humor, conducta y actitud, redes sociales, y más. También comparte lo que funciona y no funciona con sus hijos. Y, ya que le importa tu bienestar emocional, también comparte tips y estrategias para vivir una vida consciente, intencional y con propósito. Visita nuestro sitio web en www.DrYaninaGomez.com.

¡Las Mamás No se Rinden! Un Grupo de Facebook para la Mamá Ocupada
Como mamás ocupadas, ¡no tenemos tiempo que perder! Por eso la Dra. Yanina comenzó este grupo de Facebook en Español. ¡Un recurso integral donde recibirás apoyo y consejo de mamás como tú que quieren conectarse auténticamente con su preadolescente o adolescente mientras mantienen su horario ocupado! Para unirte a otras mamás, visítanos en: https://www.facebook.com/groups/mamasnoserinden.

¡Las Mamás No se Rinden! Cuaderno Reflexivo (PDF)
Este cuaderno de trabajo fue diseñado para acompañar a este libro. Está disponible para ti sin costo adicional. En este

cuaderno de trabajo, encontrarás ejercicios que te ayudarán a personalizar los tips y estrategias enseñados en este libro capítulo a capítulo. También te guiará a través de crear pasos de acción para desarrollar una relación más fuerte con tu hija o hijo. El enlace para descargar este cuaderno reflexivo es www.DrYaninaGomez.com/cuaderno.

* *Disponible en Inglés y Español*

ACERCA DE LA AUTORA

La Dra. A. Yanina Gómez es autora, coach de actitud, mentalidad, bienestar emocional y crianza, oradora y bloguera. Tiene un doctorado en Psicología Educativa y comenzó su carrera como psicóloga escolar ayudando a madres y padres a criar a sus hijos de una forma más saludable y trabajando con niños desde preescolar hasta la secundaria. También tiene una vasta experiencia con varios estilos de crianza, dificultades familiares y en proveer crianza de apoyo, e intervenciones académicas y de comportamiento. Su carrera ha evolucionado a través de los años y entre otros proyectos, ayuda a madres y padres a conectarse, disciplinar y criar hijas e hijos confiados, independientes y conscientes a través de sus varios recursos.

Como experta en mentalidad y bienestar emocional, la Dra. Yanina ofrece coaching, talleres y charlas para ayudar a mujeres a superar creencias limitantes, miedos y falta de confianza que evitan que den un paso significativo en su vida o carrera y experimenten un mayor éxito. También facilita charlas de bienestar a audiencias interesadas en vivir una vida más saludable, feliz y satisfactoria. Sus tópicos característicos son el manejo del estrés, superar bloqueos mentales (por ejemplo, creencias limitantes), fortalecer tu conciencia interna, y adoptar una mentalidad más saludable que lleve al éxito.

La Dra. Yanina es esposa y madre de un hijo adolescente que toca el piano y la trompeta, ha jugado fútbol desde los cinco años y trabaja en crear su propia tienda online de ropa urbana. También tiene una hija preadolescente que comenzó a usar zapatos mezclados a los cinco años, toca el violín y el saxo alto, le encanta el arte y tiene su canal de video en YouTube llamado Awesomesauce Nyah.

www.ingramcontent.com/pod-product-compliance
Lightning Source LLC
LaVergne TN
LVHW021718060526
838200LV00050B/2725